ビジネスエリートの
「これはすごい!」を集めた

外資系投資銀行の
エクセル仕事術

数字力が一気に高まる基本スキル

熊野 整 =著
Hitoshi Kumano

ダイヤモンド社

はじめに
——外資系投資銀行のエクセルをあなたにも

　投資銀行の仕事は、一般にはあまり知られているとは言えません。大規模なM&Aへの助言、大型プロジェクトの資金調達といった、いずれも普通の生活からは想像のつかないような大金が動くビジネスに携わることが多く、ほとんどの仕事が極秘に進められるからかもしれません（一方で、外資系金融は給料がよいらしい、すぐクビになるらしい、といった待遇面は意外に知れ渡っているようですが）。

　知られていない事実はほかにもあります。それは、投資銀行が顧客にもたらす価値の1つが、超人的（！）なエクセルスキルに支えられた数字力だということです。

　大型M&Aのような案件での、買収価格の検討、企業価値の分析、長期的な収益見通しのシミュレーションなどは、大規模な専用システムで自動的に行われると思っている方が多いようです。どんなに複雑な計算や分析でも、コンピュータに数字を打ち込めば瞬時に結果が表示されるのだろう、という具合です。しかし、それは大いなる誤解です。

　時には数千億円にものぼる、目もくらむような金額の計算も、担当者がエクセルのセルを1つずつ埋め、シートを1枚1枚積み上げて行っているのです。もちろん、すべて手作業です。

　1カ所でも計算を間違えたら、数十億円の金額のズレが生じる、という強烈なプレッシャーに耐えながら、完璧なエクセル計算を実現していく。これが投資銀行の現実であり、顧客に提供している価値なのです。

　私は大学を卒業後、投資銀行のモルガン・スタンレー証券に入社しました。そして入社早々、エクセルの達人たちの洗礼を受けました。エクセルの基礎を徹底的に叩き込まれ、これでもかというくらい計算をさせられたのです。振り返ってみれば、5年間の投資銀行時代の仕事は、エクセルを使って

収益を計算することに終始していました。

　その後、ビジネススクールに通ってからインターネット企業に転職。さまざまな業界の人と会う機会に恵まれ、私はあらためて投資銀行の人たちのエクセルスキルの高さを実感しました。ほかの業界では、エクセルのトラブルが日常的に起きていることを知ったからです。ビジネスの現場で頻発するエクセルのトラブルを見聞きした結果、こんなことがわかりました。

- 各人が思いつきでエクセルを作るので、とても見づらい
- 計算チェックの仕方がわからないので、いつまでも計算ミスが減らない
- 必要以上に難しい計算をしているため、周囲が混乱におちいる
- エクセルのショートカットを知らないので、作業に膨大な時間がかかる
- エクセルで収益計画を作りたいけど、何から始めたらいいかわからない

　これらは、投資銀行流のエクセルを知っていれば解決できることばかりです。私はそのノウハウを多くの人に伝えたいと思い立ち、2013年10月に、少人数のワークショップ形式のセミナーを始めました。初回開催日のわずか1週間前にFacebookで告知しただけでしたが、15名の募集枠がなんと20分で満席に。「エクセルで悩んでいる人がこんなにいるのか！」と驚きました。

　こうしてスタートしたセミナー『投資銀行が教える！　エクセルで学ぶビジネス・シミュレーション』は、開始1年間で3,000人以上の方々に参加していただきました。平日の夜に、そして週末は終日、熱心で優秀なビジネスパーソンの参加者と一緒にエクセルを学ぶ、とても充実した時間でした。セミナーは東京を中心に、大阪、名古屋、福岡、仙台、札幌そしてシンガポールでも開催しました。

　セミナーを続けていくうちに、参加者が勤務先の人事に「ぜひウチの会社でこのやり方を広めましょう」と掛け合ってくれ、企業研修も手掛けるようになりました。**コンサルティングファームや大手総合商社、大手広告代理店、大手通信企業など、誰もが知っている有名企業からの研修依頼も多く、優秀なビジネスパーソンほど、エクセルをしっかり使いこなせるようになりたいと強く思っていることを知りました。**

そこで、私はさらに多くの人に投資銀行流のエクセルの仕事術を知ってもらおうと、セミナーの内容を本にまとめるべく、慣れない執筆作業に取り組みました。そうしてできあがったのが本書です。この本には、セミナーのエッセンスが詰まっているだけではなく、これまで受講してくれた優秀なビジネスパーソンから特に評判の高かった内容を盛り込んでいます（タイトルが「ビジネスエリートの『これはすごい！』を集めた」となっているのは、このためです）。

エクセルをめぐる社内トラブルや苦手意識が生まれる原因は、**エクセルの基本ルールが社内で徹底されていない**ことに尽きるのではないかと私は考えています。

メンバー各人が独りよがりのエクセルの使い方をしている限りは、エクセルの作業経験をどれほど積んでも、チーム全体の作業効率は上がりませんし、計算ミスも減りません。そしてエクセルに対する苦手意識をなくすこともできません。

私がセミナーでいちばん強調するのはこの点ですし、本書でもその説明に紙幅を割いています。

本書は、いわゆるエクセルの技術指南書ではありません。マクロはもちろんのこと、関数すら１度も登場しません。また、難しい財務会計の計算も出てきません。

そのかわり、「エクセルの基本ルールを作ること」「基本ルールはチーム全員で徹底すること」の大切さを伝えることに注力しています。

「数字は苦手」という人は少なくないでしょう。しかし、エクセルに強くなれば数字にも強くなれます。数字に強くなれば、根拠のある数字を元にリスクを分析し、将来を予測できるようになります。チーム全体でエクセルのスキルを高めることは、エクセルでの作業が速く、正確になるだけでなく、あなたのビジネスに大きな利益をもたらすことに通じると私は信じています。

なお、本書はWindows PCを前提に書いています。Macintoshのエクセルは Windowsと使い方がやや異なるので、ご注意ください。

熊野　整

contents

目次──ビジネスエリートの「これはすごい！」を集めた
外資系投資銀行のエクセル仕事術

はじめに　外資系投資銀行のエクセルをあなたにも　　　　　　　　　3
プロローグ　本書で学んでほしい「エクセルで身につける数字力」　　10

第 1 章　見やすいエクセル
──きれいな表を作れなければ、信頼されない　　13

1 投資銀行では「エクセルの見やすさ」に徹底的にこだわる　　14
　1｜ エクセルのストレス、計算ミスを減らせる　　15
　2｜ 顧客やチームメンバーからの信頼を得られる　　15
　　column 資料の体裁によってクライアントの印象が変わる　　16

2 見やすい資料は、「ルール」の徹底から　　17
　　column 「ありえない」投資銀行の忘年会　　20

3 正しいフォーマットのルール　　21
　1｜ 行の高さ（縦幅）は「18」　　22
　2｜ フォントは、英数字は「Arial」、日本語は「ＭＳ Ｐゴシック」　　26
　3｜ 数字はカンマで区切る　　30
　4｜ 項目の内訳は、1列横にずらす　　33
　5｜ 単位は同じ列にそろえる　　36
　6｜ 列幅の決め方　　38
　7｜ 表の枠線は、上下は太め、それ以外は細め　　39
　　column 投資銀行のエクセルはカスタマイズされている　　39
　8｜ 文字は左ぞろえ、数字は右ぞろえ　　42
　9｜ 表はA1セルから始めない　　46

4 数字や背景の色を変える　　48
　1｜ 数字の色を変える　　48
　2｜ 背景の色を変える　　52
　　column 投資銀行でも会社によってフォーマットのルールは違う？　　55
　3｜ 枠線を非表示にする　　55

5 その他のフォーマットのルール　　58
　1｜ 行・列を隠す（グループ化）　　58
　2｜ 数字が入らないセルには「N/A」　　60
　　column ほかにも使われる略語「N/M」　　60
　3｜ 使っていないシートは削除　　62
　4｜ フォーマットを整えるタイミング　　62

6	フォーマットのルールを社内で徹底する	66
	column　エクセルの表をパワーポイントのスライドに貼り付ける	70
	練習問題	72
	column　吊り服、ハイソックス、カラーキーパー	77

第2章　ミスのないエクセル
──徹底的に正確な仕事のために
79

1	投資銀行で計算ミスは「絶対に」許されない	80
2	エクセルで計算ミスしないために徹底する3つのポイント	81
	1│数式にベタ打ちの数字を入れない	82
	2│長い数式はNG	84
	column　このエクセル、怖くてさわれない	84
	3│シートの構成をわかりやすくチャートにまとめる	85
	4│シートは「左から右に向かって」計算する	87
	5│シートに色をつける	87
	6│シートの「非表示」はNG	89
	7│シートの数はできるだけ少なくする	90
	8│数字の出所は明確に表記	90
	column　優秀なバンカーは注意書きが多い	91
3	計算のチェックは「超」重要	93
	1│F2	94
	2│トレース	96
	column　投資銀行では、トレースで絵を描いて一人前！？	100
	3│数値の推移は「線」でチェック	104
	4│エクセルの作業には多くの時間をかける	106
4	計算ミスを防ぐチームワーク	109
	1│計算1人、ファイル1つ	109
	column　24時間エクセル耐久リレー！？	111
	2│ファイルは、[名前を付けて保存]	112
	3│エクセルファイルをメールに添付しない	114
	4│シンプルな計算を大切にするカルチャー	115
	5│チームの計算ミスを減らせるかはトップ次第	117
	6│リーダーシップ①　どんどん質問を投げかける	117
	7│リーダーシップ②　エクセル作業時間を十分に与える	121

8 | リーダーシップ③　計算ミスの最終的な責任は組織のトップにある　122
　　column　手書きで数字を直した上司　123

第3章　速いエクセル
——質と量を同時に高めるテクニック　126

1　投資銀行はエクセル計算が「超」速い　126
　1 | エクセルは「スピードが速ければいい」というものではない　127
2　計算のスピードアップに必要な作業の「質」と「量」　128
　1 | フォーマットと計算チェックの徹底　129
3　ショートカットキーの活用　130
　1 | はじめに：本書のショートカットキー表記ルール　131
　2 | 書式設定のショートカットキー（［Ctrl］＋［1］）　132
　3 | シート全体を選択するショートカットキー（［Ctrl］＋［A］）　132
　4 | 文字から文字へ一気に移動するショートカットキー（［Ctrl］＋矢印キー）　136
　5 | データの端まで選択するショートカットキー（［Ctrl］＋［Shift］＋矢印キー）　137
　6 | 他シートへの移動のショートカットキー
　　　（［Ctrl］＋［Page Down］/［Page Up］）　140
　7 | 行・列の挿入のショートカットキー（［Ctrl］＋［＋］）　140
　8 | 他のシートにある参照元へ移動するショートカットキー（［Ctrl］＋［「］）　142
　　column　覚えるべきショートカットの数　143
4　［Alt］キーの使い方　〜［Alt］を制するものはエクセルを制す〜　144
　1 |［Alt］はリボンのショートカットキー　145
　2 | フォーマットに関する［Alt］ショートカットキー　147
　3 | 右ぞろえのショートカットキー（［Alt］［H］［A］［R］）　148
　4 | グループ化のショートカットキー（［Shift］＋［Alt］＋［→］）　149
　5 | トレースのショートカットキー　150
　6 | グラフ表示のショートカットキー（［Alt］［N］［N］）　150
　7 |［形式を選択して貼り付け］のショートカットキー（［Alt］［H］［V］［S］）　151
　　column　Macのエクセル　152
　8 | ファイルの保存・終了のショートカットキー　154
5　その他のスピードアップ法　155
　1 | 計算は「プラス（＋）」から始める　156
　2 | 表の拡大・縮小（［Ctrl］＋マウスホイール）　158
　3 | PC環境　159

contents

4	印刷に関するショートカットキー	160
6	エクセルを使う機会を増やす	161
	column 投資銀行はどれくらい仕事をしているか	164
7	数字で考える機会を増やす	165
	column 私がゴールドマン・サックスの面接に落ちた理由	166

第4章 エクセルで数字に強くなる
―― 「いくら儲かるか」を極める　　167

1	収益シミュレーションが重要な理由	168
	1 シミュレーション事例①：ハンバーガーショップ	170
	2 シミュレーション事例②：俺のイタリアン	172
	3 今回のシミュレーションのテーマ	173
2	シミュレーションモデルの作り方	174
	1 まずは収益構成を作る	174
	2 エクセルの復習	176
	3 収益構成を考えるコツ	176
	4 シミュレーション事例③：マクドナルド	177
3	想定ケースを考える	178
	1 ケースは最低3パターン	178
	2 シミュレーション事例④：東京ディズニーリゾート	179
	3 シミュレーション事例⑤：ソフトバンク	179
	4 経営指標よりも、具体的なケースで考える	180
	5 今回のケース	181
	6 各ケースをグラフでまとめる	184
4	感応度分析の考え方	186
	1 感応度分析とは	186
	2 今回のケースの感応度分析	187
	3 エクセルで感応度分析を行う	190
	4 シミュレーション事例⑥：NPO法人	195
	column エクセルセミナーの参加者ってどんな人？	198

エピローグ　私のエクセルライフはまだまだ続く　　199
巻末付録　　204

プロローグ
―― 本書で学んでほしい「エクセルで身につける数字力」

　あなたは新サービスの企画を上司に提案しました。そのとき、

「それで、いくら儲かるの？」と質問されたら、あなたはしっかり答えられますか？

「数字に強い」ことは、ビジネスパーソンにとってもちろん重要です。しかし現実には、多くの人が苦手意識を持っているようで、このような上司の問いに対し、「いやぁ～、なんとかこれくらいの売上になるといいんですけどね……」とあいまいな返事でお茶を濁すことになり、そのために企画が通らなかった……となる人も少なくないでしょう。
　また、一口に「数字力」と言っても、いくつかのパターンがあります。

- （数字を見て瞬時に）「昨年比42.5%の伸びですね」式の、暗算の数字力
- 「日本にある電柱の数はいくつ？」式の、概算の数字力
- 「このビジネスの総資本回転率はどう評価する？」式の、財務の数字力

　本書で扱う数字力は、「エクセルをフル活用して、収益予測をシミュレーションする数字力」です。
　たとえば、
「その事業プランだけど、いくら儲かるの？」と聞かれて、
「市場シェアを20%獲得し、販売価格を1,500円にした場合、年間の売上げとして10億円を見込めます」と答えたり、
「うまくいけば（楽観ケース）、年間3,000万円の利益が期待できます。また、最悪のケース（悲観ケース）でも500万円の利益は確保できますので、赤字になるリスクは少ないと思います。ですから、ぜひこの企画をやらせて

ください！」と、シミュレーションの計算経過を示しながら堂々と切り返す。これがエクセルを活用することで身につく数字力です。

エクセルの数字力を身につけている人は、合理的なビジネス判断ができ、仕事をスムーズに進められます。無謀な施策に手を出すリスクも抑えられます。そして、この数字力の高いビジネスパーソンが社内に大勢いる会社は、競争力が強くなります。

本書では、「エクセルの数字力」を強化したいビジネスパーソンのために、その基礎となるスキルを提供します。

内容は4章構成になっています。

第1章　見やすいエクセル
第2章　ミスのないエクセル
第3章　速いエクセル
第4章　エクセルで数字に強くなる

図0-1　ビジネスに必要なエクセルスキル

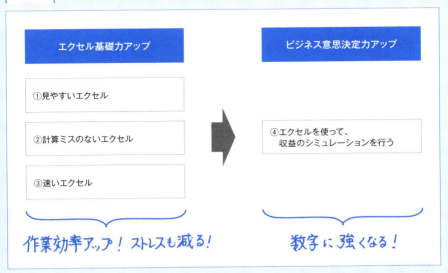

第1章から第3章では、日頃みなさんが感じているエクセルの問題を解決し、苦手意識を解消することを目指します。

「Aさんのエクセルはいつも見にくくて、ストレスを感じる」
「エクセルの計算ミスが怖い」
「エクセルの作業スピードが遅いため、いつもチームに迷惑をかけている」

　これらを解決するために、社内で徹底してほしいエクセルの基本ルールについてまとめています。このルールをチームで徹底することで、チーム全体のエクセルの作業効率は上がり、計算ミスも減り、そしてストレスが軽減するでしょう。
　第4章は、内容がやや異なります。ここでの主眼は、「エクセルを活用することで、数字に強いビジネスパーソンを目指す」ことです
　数字力が身につけば、エクセルは単なる作業ツールではなく、ビジネスの意思決定力を高める武器になります。新商品の企画提案においても、エクセルを使って将来の収益を予測したり、さまざまなケースをシミュレーションしたりすれば、上司への説得力は大きく向上します。上司から「それでいくら儲かるの？」と聞かれても、動じることなくエクセルのシミュレーション結果を示して、上司の的確な判断を仰ぐことが可能になり、企画が通る確率性も高まることでしょう。
　本書は、エクセルの基礎力を向上させるだけでなく、ビジネスパーソンに必要な数字力、ひいてはチーム、企業の意思決定力の向上に貢献します。

第 1 章

見やすいエクセル
きれいな表を作れなければ、信頼されない

SECTION 1 投資銀行では「エクセルの見やすさ」に徹底的にこだわる

　筆者がエクセル活用のセミナーや企業研修を開催する際には、最初の1時間はフォーマットについて細かくレクチャーします。エクセルを使ううえで、フォーマットは「最も大切な基本」だからです。ところが、多くのビジネスパーソンは、エクセルのフォーマットについてあまり意識しておらず、企業にしても、投資銀行を除けば、エクセルのフォーマットについてルールを設けているところはまずありません。

　ここで1つ質問です。
「ほかの人のエクセルを見たいと思いますか？」
　おそらく、多くの方がNOと答えるでしょう。理由はいくつかあると思いますが、「見づらいから」というのが最大の理由ではないでしょうか。パッと見て理解できないエクセルが多すぎることが、エクセルに対する苦手意識を生む原因の1つだと筆者は考えています。

　見にくいエクセルを作っているチームは、いつまでたっても計算ミスが減らないし、作業効率も上がらず、結果として数的思考能力が上がりません。

　投資銀行ではエクセルで作る表の見せ方、つまりフォーマットに徹底的にこだわっています。なぜそこまでするのでしょうか。
　フォーマットの整ったエクセルを作ることには、2つの利点があります。

（1） エクセルのストレス、計算ミスを減らせる
（2） 顧客やチームメンバーからの信頼を得られる

この2つについて、詳しく説明しましょう。

1　エクセルのストレス、計算ミスを減らせる

エクセルのフォーマットとストレスにどのような因果関係があるのかと不思議に思うかもしれませんが、他人の作った表を見る場合のことを考えてみてください。

他人が作った表は、中身のデータを検討する以前に、「表のどこに、何が計算されているのか」、すなわち表の構造を把握することに労力を取られがちです。その結果、**人が作ったエクセルを見ると、ストレスを感じることが多いのです。**「エクセルが苦手」とこぼすビジネスパーソンは多いようですが、理由の1つはこのストレスによるものだろうと思います。

このストレスを解決するためには、「誰もが見やすいエクセルを作る」ことをチーム全員で徹底する必要があります。

チーム全員が見やすいエクセルを作るようになれば、表の構造に悩まされることなく、すぐに中身（分析結果など）の議論に入れます。外資系の投資銀行では海外オフィスと資料を共有しますが、どの国のオフィスで作ってもフォーマットが同じなので、即座に中身を理解できます。また、投資銀行は仕事がハードで非常に厳しいため、中途退職する人も少なくありませんが、それに伴って業務を引き継ぐ機会も多くなります。そんなときも、わかりやすいエクセルを作っていれば、スムーズに引き継ぐことができます。

2　顧客やチームメンバーからの信頼を得られる

資料の体裁は顧客に与える印象にも影響します。投資銀行では顧客向けの資料を数多く作成します。たとえば、顧客企業がある企業を買収しようとする際、投資銀行はアドバイザーとして買収戦略を提案します。また、自分たちがM&Aのアドバイザーとして優れていることをアピールするための営業も行います。いずれの場面でも、顧客に信頼される資料を作らなければいけ

ません。

　営業資料というと、普通の用紙にモノクロ印刷してホチキスで綴じたものが一般的ですが、投資銀行の資料は違います。高級な用紙にカラー印刷したものを、専用のバインダーに綴じます。1冊あたりの製作コストは数千円にもなります。資料の中身がいくらよくても、見栄えがパッとしなければ、顧客に与える印象が良くならないからです。相手に少しでも良い印象を持ってもらうためには、資料の内容は言うに及ばず、見た目まで完璧を期すというのが投資銀行のカルチャーです。それゆえエクセルでも、誰が見ても「きれいだ」「わかりやすい」と思うフォーマットを徹底するわけです。

---

column　資料の体裁によってクライアントの印象が変わる

　私がモルガン・スタンレー証券にいたころ、お客様からこんなことを言われました。
「モルガン・スタンレーさんの資料はすごくきれいにできているけれど、紙のサイズがちょっとね」
　当時、モルガン・スタンレーの東京オフィスが使っていた紙のサイズは、ニューヨークオフィスと同じ「レターサイズ」でした。アメリカでは一般的に使われているサイズですが、日本ではあまり見かけません。
「日本で使わないサイズの用紙で資料を持ってこられると、『日本企業を大事にしてるな』って気がしないんだよね」とお客様の言葉は続きました。
　私は心の中で、「ええー！　紙のサイズなんか気にするなよ！」と思いましたが、聞くと投資銀行業界ナンバーワンの他行では、日本での提案資料はわざわざA4にしているとのこと。さすがナンバーワンと言われる投資銀行は、フォーマットのこだわりもナンバーワンだったか、と感心したのを覚えています。（それにしても、あれだけフォーマットにこだわっていたモルガン・スタンレーが、なぜ紙サイズにこだわらなかったのだろう……？）
　用紙サイズなど提案の内容には関係がない、瑣末なことだと考えがちですが、顧客の印象はそういうちょっとしたフォーマット、見栄えにも左右されるということを強く感じた出来事でした。

SECTION 2 見やすい資料は「ルール」の徹底から

　見やすい表を作ることは、社内コミュニケーションを円滑にするためにも、顧客に好印象を与えるためにも大切なことですが、「見やすい表」とは具体的にどのようなものでしょうか。

　こんな場面を考えてみてください。部下が作ったエクセルの表を読み解くのに苦労した上司が、部下のAさんとBさんに、「もっと見やすい表を作れ！」と指示しました。Aさんは、「よし、見やすいように色分けしよう」と、色をふんだんに使った表にしました。Bさんのほうは、「色を使わず、シン

図1-1　「見やすい表」のルールがないと、わかりづらい表になります

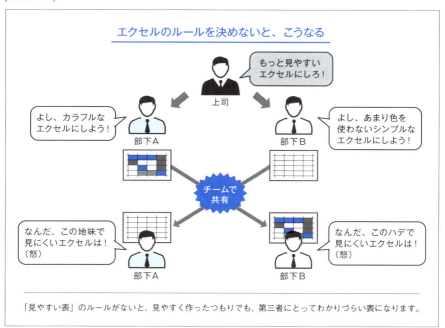

「見やすい表」のルールがないと、見やすく作ったつもりでも、第三者にとってわかりづらい表になります。

プルな表がいいだろう」と罫線だけの表にしました。

　そしてお互いに相手の表を見て、Aさんは「なんだ、この地味な表は」と思い、Bさんは「こんな派手な表、目がチカチカする」と思う。結果として、上司の指示はまったく実現されません。こういうことは、エクセルの作業をめぐってよく見かけます。

　一口に「見やすい」と言っても、人によって捉え方が違います。ある人には「見やすい」ものが、別の人には「見づらい」こともままあります。
　独りよがりの「見やすい」を防ぐために投資銀行が行っているのは、正しいフォーマットのルールを決めることです。
　フォーマットにおける「個性」は認めません。投資銀行では、プレゼンテーションのスライドにもエクセルの表にも詳細なフォーマットのルールがあり、全社員がそれを守ることを求められます。
　その厳しさは徹底していて、入社2年目くらいまでは、作成した資料を上司に見せても、フォーマットが一発でOKになることはまずありません。3年目でようやくフォーマットが一人前。4年目になると、1年目、2年目の社員を鍛える側になります。それぐらい時間をかけてフォーマットを叩き込みます。投資銀行は、「正しいフォーマットを徹底することは、計算ミスを減らし、分析内容の理解度を上げ、顧客に信頼されるための基本」という意識を強く持っているのです。

　ところが、日本のほとんどの企業には、表のフォーマットに関するルールがありません。プレゼンテーションのスライドや、ロゴマークの使い方といったものには厳しいルールがあっても、なぜかエクセルの表は個人任せになっています。**しかし、エクセルこそフォーマットにこだわるべきです。**
　エクセルは、とにかく計算が複雑でわかりにくく、内容を理解するのがなかなか難しいものです。それに加えて、作る人によって表の形式まで異なるのでは、表の中身を理解するのは大変な苦行となります。ワードやパワーポイントの場合は、その資料に表現されていることが理解できればOKです。ところがエクセルの場合は、計算プロセスも含めて理解しなければならない

ため、チェックすべき数値情報の量は膨大になります。表の中の計算を1つずつ丁寧に確認していくわけですが、その際に表が見づらい、どこに何が計算されているのかわからない、というのでは、見る側のストレスはきわめて大きくなります。その結果、エクセルの計算をしっかりチェックする人がいなくなり、計算ミスが見逃されてビジネスに大きな悪影響を与えてしまうこともあるわけです。

見やすいフォーマットのルール化は、わかりやすく体裁が整ったエクセルの表を作れるというだけでなく、会社全体の業務の効率化、仕事に質の向上にもつながります。

忙しいビジネスパーソンなら誰でも、エクセルでの作業を効率化したいと思うはずです。効率を上げるというと、ショートカットキーを使いこなすことを思い浮かべるかもしれませんが、最初に取り組むべきはフォーマットのルールの徹底です(図1-2)。

図1-2　フォーマットのルール化で、業務効率や仕事の質を向上させる

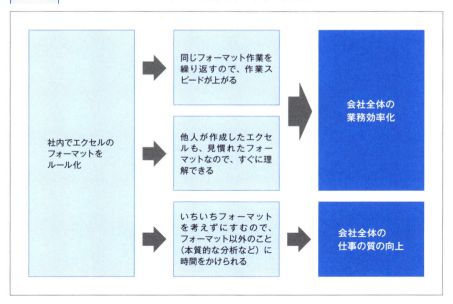

社内でエクセルのフォーマットをルール化すると、3つの大きな効果が得られます。

1つは短時間で表を作れるようになることです。**同じフォーマットで表を作る作業を繰り返すので、慣れるほどにスピードアップします。**2つ目はフォーマットのルール化により、社内の誰が作った表でも、理解しやすくなります。この2つによって業務の効率化が図られます。

3つ目は、エクセルによる計算や分析の質が上がることです。あらかじめフォーマットのルールが決まっていれば、表を作成するたびにどんなフォーマットにするか考えずにすみます。その結果、フォーマット以外のより本質的なこと、たとえばデータの分析方法といったことに時間をかけられるようになります。こうなれば、会社全体でエクセルを使った仕事の質が向上し、それが利益の創出にもつながります。

column 「ありえない」投資銀行の忘年会

　投資銀行でいかにフォーマットが徹底されているかを物語る例を、1つ紹介します。

　ずいぶん昔になりますが、モルガン・スタンレーの投資銀行部の忘年会でクイズ大会を開催しました。面白いのは、そのクイズ大会のお題が、なんと会場のスクリーンに映されたパワーポイントの「フォーマットの間違い」を当てることだったのです。

　当時、社会人になりたてだった私は、「みんな、何をやっているんだ!?」と思いましたが、いまになって考えると、これはなかなかすごい話です。社員全員が「フォーマットには正解がある」ことを理解しているからこそ、クイズが成り立つわけです。しかも、その間違い探しを余興にして楽しめるほど、正しいフォーマットへの意識が社内で共有されている。そういうところに、投資銀行のフォーマットへの強いこだわりを感じますね。

SECTION 3 正しいフォーマットのルール

　フォーマットをルール化し、全社で共有することの大切さを話してきましたが、それを実行に移すには、まず、正しいフォーマットを知らなければなりません。

　本書における見やすいフォーマットは、図1-3に示すとおりです。

　このフォーマットは、投資銀行業界でよく使われているフォーマットに、筆者なりの修正を加えたものです。特定の投資銀行のフォーマットではありません。本章の最後で詳しく説明しますが、みなさんが「うちの会社には、違うフォーマットが適しているな」と思われたら、使いやすいように作り変

図1-3　正しいフォーマットの表は見やすく、計算プロセスも感じ取れます

		1年目	2年目	3年目
収益計画				
売上	円	800,000	1,040,000	1,352,000
販売数	個	1,000	1,300	1,690
成長率	%	N/A	30%	30%
値段	円	800	800	800
費用	円	300,000	500,000	700,000
人件費	円	200,000	400,000	600,000
従業員数	人	1	2	3
1人あたり人件費	円	200,000	200,000	200,000
賃料	円	100,000	100,000	100,000
利益	円	500,000	540,000	652,000

えていただいてかまいません。

　大事なのはそのあとで、フォーマットのルールを変更したら、新ルールを社内で徹底することを忘れないでください。

　これだけでは、ちょっとわかりづらいかもしれません。そこで、フォーマットを気にせずに作った表と、見やすいフォーマットの表を見比べてみましょう。図1-4を見てください。

　下の表のほうが見やすく、内容が頭に入りやすいと感じませんか？　なぜ下の表は見やすいと感じるのか、その理由と、この表がどのように作られているのか、どこにどんな工夫がされているのか、といったことを細かく説明していきます。

1　行の高さ（縦幅）は「18」

　図1-5のようにエクセルのデフォルト（初期値）の行の高さ（縦幅）は一般的に「13.5」です。この高さのまま表を作ると、行間に余裕がなく、詰まった感じになります。そこで、正しいフォーマットでは、行の高さを「18」にします。「13.5」から「18」に変えるだけで、文字の上下にゆとりができて、文字が見やすくなるとともに、洗練された印象の表になります。

図1-4 見にくいエクセル、見やすいエクセル

❌ 見にくいエクセル

	A B C	D	E	F
1	収益計画			
2		1年目	2年目	3年目
3	売上（円）	800,000	1,040,000	1,352,000
4	販売数（個）	1,000	1,300	1,690
5	成長率（％）	N/A	30%	30%
6	値段（円）	800	800	800
7	費用（円）	300,000	500,000	700,000
8	人件費（円）	200,000	400,000	600,000
9	従業員数（人）	1	2	3
10	1人あたり人件費（円）	200,000	200,000	200,000
11	賃料（円）	100,000	100,000	100,000
12	利益（円）	500,000	540,000	652,000

🔵 見やすいエクセル

	A B C	D	E	F	G	H	I
1							
2	収益計画						
3				1年目	2年目	3年目	
4	売上		円	800,000	1,040,000	1,352,000	
5	販売数		個	1,000	1,300	1,690	
6	成長率		％	N/A	30%	30%	
7	値段		円	800	800	800	
8	費用		円	300,000	500,000	700,000	
9	人件費		円	200,000	400,000	600,000	
10	従業員数		人	1	2	3	
11	1人あたり人件費		円	200,000	200,000	200,000	
12	賃料		円	100,000	100,000	100,000	
13	利益		円	500,000	540,000	652,000	

上がフォーマットに配慮していない一般的な表、下が正しいフォーマットの表です。

| 図1-5 | 縦幅にゆとりがあると、表が見やすい |

✘ 縦幅が13.5（デフォルト）

	A	B	C	D	E	F	G	H	I
1									
2		収益計画							
3						1年目	2年目	3年目	
4			売上		円	800,000	1,040,000	1,352,000	
5				販売数	個	1,000	1,300	1,690	
6				成長率	％	N/A	30%	30%	
7				値段	円	800	800	800	
8			費用		円	300,000	500,000	700,000	
9				人件費	円	200,000	400,000	600,000	
10				従業員数	人	1	2	3	
11				1人あたり人件費	円	200,000	200,000	200,000	
12				賃料	円	100,000	100,000	100,000	
13			利益		円	500,000	540,000	652,000	

縦幅が詰まっていて、見にくい！

◯ 縦幅が18

	A	B	C	D	E	F	G	H	I
1									
2		収益計画							
3						1年目	2年目	3年目	
4			売上		円	800,000	1,040,000	1,352,000	
5				販売数	個	1,000	1,300	1,690	
6				成長率	％	N/A	30%	30%	
7				値段	円	800	800	800	
8			費用		円	300,000	500,000	700,000	
9				人件費	円	200,000	400,000	600,000	
10				従業員数	人	1	2	3	
11				1人あたり人件費	円	200,000	200,000	200,000	
12				賃料	円	100,000	100,000	100,000	
13			利益		円	500,000	540,000	652,000	

縦にゆとりがあって、見やすい！

図1-6 　行の高さの変え方

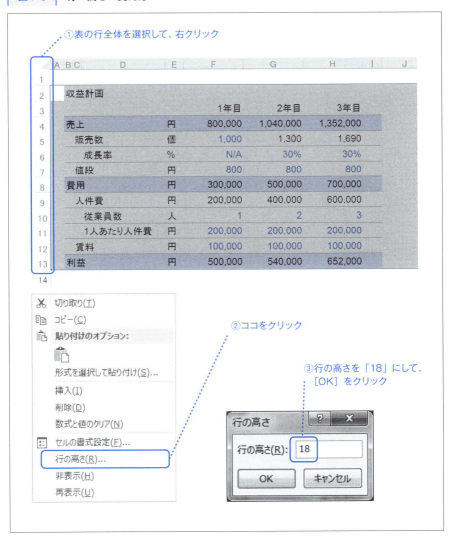

2 　フォントは、英数字は「Arial」、日本語は「MS P ゴシック」

　図1-7のように正しいフォーマットで使うフォント（書体）は、英数字は「Arial」、日本語は「MS P ゴシック」です。エクセルの標準のフォントは「MS P ゴシック」ですが、このフォントは半角英数字のキメが粗いという欠点があります。そこで、英数字のフォントについては、数字のキメが細かい「Arial」に変えます。

　フォントについてはこだわりを持つ人も多く、英数字のフォントとしては「Times New Roman」もよく使われています。たしかに「Times New Roman」はオシャレで格好のよいフォントですが、数字の線の太さが均一でなく、見やすさという点では「Arial」に劣ります。図1-8のように**エクセルの表では、格好のよさよりも見やすさを優先すべきですから、「Arial」を使うことをおすすめします。**
　一方、日本語のフォントは、初期設定で選択されている「MS P ゴシック」を使います。「MS P ゴシック」も「Arial」と同じように文字の線の太さが均一なので、文字が見やすくなります。

　図1-9のようにフォントのサイズは、初期値の「11」のままでかまいません。注意したいのは、表の中で異なるサイズを使わないことです。サイズの違う文字が混ざっていると、表全体のバランスを整えるのが難しくなるからです。フォントのサイズがそろっていれば、見る側のストレスもありません。強調したい箇所については、フォントを大きくするのではなく、背景色をつけることで目立たせましょう。

図1-7　Arial は見やすいフォント

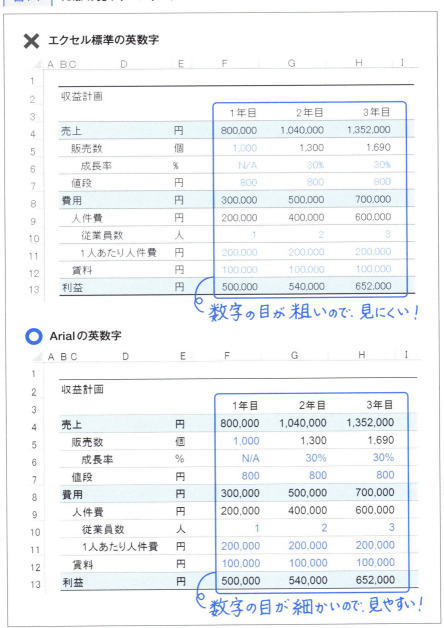

見やすいエクセル｜第1章

図1-8 オシャレ＝見やすい、とは限りません

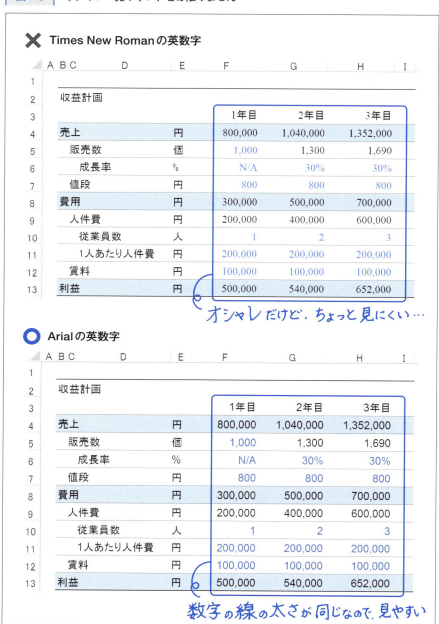

図1-9 フォントサイズにも統一感を

✖ **フォントサイズがバラバラ**

	A	B	C	D	E	F	G	H	I
1									
2	収益計画								
3						1年目	2年目	3年目	
4		売上			円	800,000	1,040,000	1,352,000	
5			販売数		個	1,000	1,300	1,690	
6				成長率	%	N/A	30%	30%	
7			値段		円	800	800	800	
8		費用			円	300,000	500,000	700,000	
9			人件費		円	200,000	400,000	600,000	
10				従業員数	人	1	2	3	
11				1人あたり人件費	円	200,000	200,000	200,000	
12			賃料		円	100,000	100,000	100,000	
13		利益			円	500,000	540,000	652,000	

表全体が見にくい！

⭕ **フォントサイズを統一**

	A	B	C	D	E	F	G	H	I
1									
2	収益計画								
3						1年目	2年目	3年目	
4		売上			円	800,000	1,040,000	1,352,000	
5			販売数		個	1,000	1,300	1,690	
6				成長率	%	N/A	30%	30%	
7			値段		円	800	800	800	
8		費用			円	300,000	500,000	700,000	
9			人件費		円	200,000	400,000	600,000	
10				従業員数	人	1	2	3	
11				1人あたり人件費	円	200,000	200,000	200,000	
12			賃料		円	100,000	100,000	100,000	
13		利益			円	500,000	540,000	652,000	

表全体が見やすい！

| 図1-10 | フォントの変え方

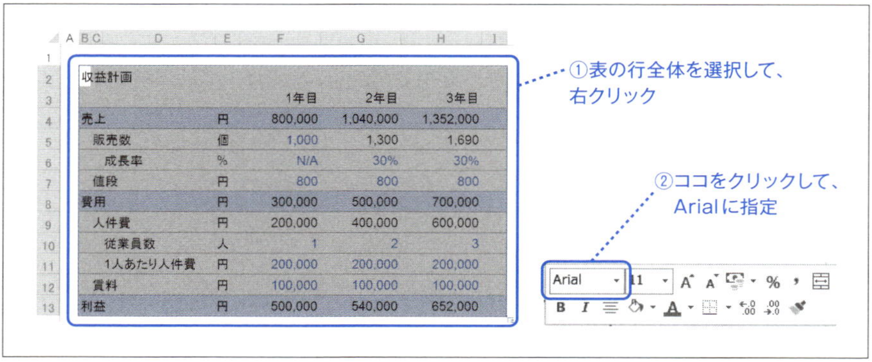

3 | 数字はカンマで区切る

　図1-11のように数字はカンマ（,）を使って桁を区切ります。カンマがついていないと桁数を数えなければなりませんが、ついていれば一目で桁がわかるからです。数字を理解しやすくするために、必ずカンマを入れましょう。

　カンマに関連して、お金の単位のそろえ方についても考えておきましょう。金額が大きくなると、単位を「千円」として、数字の下3桁の000を省略します。「円」だけでは桁が増えて数字が読みづらくなるためです。**図1-12のようにお金に単位をつけるときには、千刻み、つまり「千円」「百万円」「十億円」の単位にします。**エクセルでカンマをつけると千単位で桁が分かれるので、これに合わせるわけです。日本語では「万円」「億円」という単位が使われることもありますが、エクセルでは使いません。
　ちなみに英語では、千をThousand、百万をMillion、十億をBillionと言い、万や億を示す言葉はありません。

図1-11 数字にカンマは必須

❌ **カンマなし**

	A B C	D	E	F	G	H	I
1							
2	収益計画						
3				1年目	2年目	3年目	
4	**売上**		円	800000	1040000	1352000	
5	販売数		個	1000	1300	1690	
6	成長率		%	N/A	30%	30%	
7	値段		円	800	800	800	
8	**費用**		円	300000	500000	700000	
9	人件費		円	200000	400000	600000	
10	従業員数		人	1	2	3	
11	1人あたり人件費		円	200000	200000	200000	
12	賃料		円	100000	100000	100000	
13	**利益**		円	500000	540000	652000	

↑ 数字が見にくい！

⭕ **カンマあり**

	A B C	D	E	F	G	H	I
1							
2	収益計画						
3				1年目	2年目	3年目	
4	**売上**		円	800,000	1,040,000	1,352,000	
5	販売数		個	1,000	1,300	1,690	
6	成長率		%	N/A	30%	30%	
7	値段		円	800	800	800	
8	**費用**		円	300,000	500,000	700,000	
9	人件費		円	200,000	400,000	600,000	
10	従業員数		人	1	2	3	
11	1人あたり人件費		円	200,000	200,000	200,000	
12	賃料		円	100,000	100,000	100,000	
13	**利益**		円	500,000	540,000	652,000	

数字が見やすい！

見やすいエクセル｜第1章

図1-12　単位はカンマに合わせて

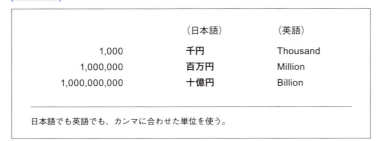

日本語でも英語でも、カンマに合わせた単位を使う。

図1-13　カンマのつけ方

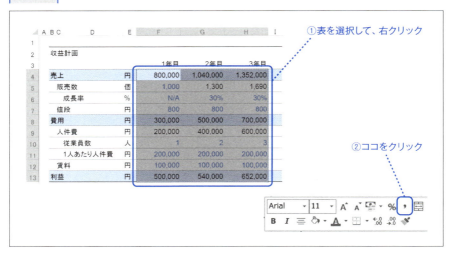

4 │ 項目の内訳は、1列横にずらす

　エクセルの表で、データの意味や計算方法を一目で相手に伝えるためには、項目の内訳を1列横にずらすことをおすすめします。図1-14を見てください。上の表では項目をすべて左にそろえています。これでは、売上や費用がどのように計算されているのかわかりません。しかし、下の表のように内訳を横に1列分ずらすと、売上は「販売数×値段」で計算されているということがわかります。

　投資銀行では、項目を横にずらす作業を徹底します。投資銀行が使うエクセルの表は、数十行もあって縦が非常に長くなります。それを見たときに、即座に表の構成がわからなければ、膨大な計算データを正確に理解できません。**項目の内訳を横にずらしておけば、初めて表を見た人でも、簡単に構成をつかめるようになるわけです。**

　図1-15のように項目の内訳をずらす方法としては、ずらすのに必要な列を選択して列幅を設定し、内訳の文字を入力する、あるいは入力してある文字を移動させるという操作になります。ずらす列（空白の列）の幅は1にします。

図1-14 項目をずらして、計算の構成をわかりやすく

✗ 項目の内訳がすべて同じ列

	1年目	2年目	3年目
売上 円	800,000	1,040,000	1,352,000
販売数 個	1,000	1,300	1,690
成長率 %	N/A	30%	30%
値段 円	800	800	800
費用 円	300,000	500,000	700,000
人件費 円	200,000	400,000	600,000
従業員数 人	1	2	3
1人あたり人件費 円	200,000	200,000	200,000
賃料 円	100,000	100,000	100,000
利益 円	500,000	540,000	652,000

→ 計算の構成がわかりにくい！

○ 項目の内訳を1列ヨコにずらす

	1年目	2年目	3年目
売上 円	800,000	1,040,000	1,352,000
販売数 個	1,000	1,300	1,690
成長率 %	N/A	30%	30%
値段 円	800	800	800
費用 円	300,000	500,000	700,000
人件費 円	200,000	400,000	600,000
従業員数 人	1	2	3
1人あたり人件費 円	200,000	200,000	200,000
賃料 円	100,000	100,000	100,000
利益 円	500,000	540,000	652,000

→ 計算の構成がわかりやすい！

| 図1-15 | 列幅の変え方

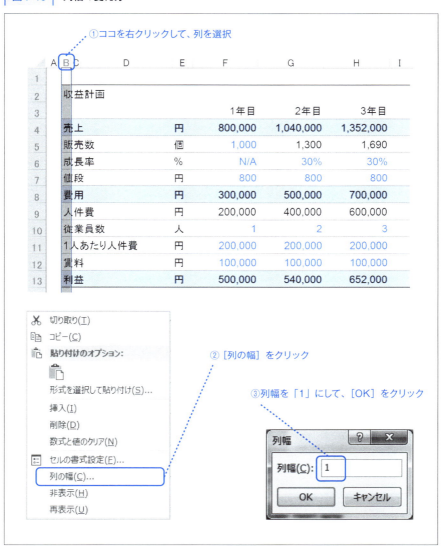

内訳を1列横にずらしておくと、表の構造がわかりやすくなるだけでなく、エクセルの作業のスピードを上げるのにも役立ちます。

エクセルの作業で意外と手間取るのが、セルの移動です。セルを選ぶのには、矢印キーを連続して押して目的の位置まで移動する方法もありますし、マウスでスクロールする方法もありますが、いずれも時間がかかります。**図1-16のように内訳をずらしておくと、[Ctrl]＋矢印キーで一気に選択セルを移動できます。**

図1-16　Ctrl＋矢印キーで、セル移動をスピードアップ！

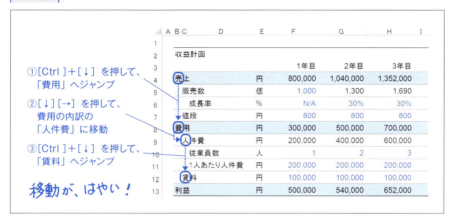

5　単位は同じ列にそろえる

図1-17のように「円」「個」「%」のような単位を項目名に続けて入れると、位置が一定にならないため、単位を見つけにくくなります。

単位が目につくようにするには、専用の列を設けて、その中に単位を入れます。

図1-17　単位は同じ列にそろえる

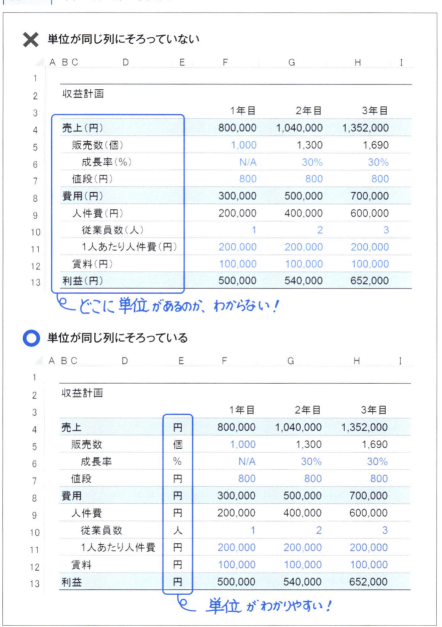

6 　列幅の決め方

　列幅は、項目の文字、数字が欠けることなく、きちんと見えるようにすることが基本です。正しいフォーマットの列幅を左から順に見ていきましょう。

　図1-18を見てください。B列とC列は項目の内訳を横にずらすための列なので、前述のとおり列幅は「1」とします。D列は、項目の文字が全部見えるように、文字数の多い項目に合わせて列幅を調整します。単位の列も同様です。

　次に数字が入っている列です。「1年目」「2年目」「3年目」の幅が異なると体裁が整わないので、この3つの列の中で最も桁数の多い数字に合わせて列幅を統一します。この図ではF、G、H列を同じ幅にしています。

　さらに、少し細かいことですが、表の右端に空白の1列を追加しておくと、表にゆとりができて見やすくなります。ちなみに、この最後の1列の幅は「3」にしましょう。

図1-18　列幅のルール

① 列幅：1
② 項目名（例：1人あたり人件費）がすべて見えるように、列幅を調整
③ 単位がすべて見えるように列幅を調整
④ F〜H列は、すべて同じ列幅にしたほうが見やすい
⑤ 右端に空白の1列を加えておくと、表にゆとりがあって見やすい（列幅は3）

7 　表の枠線は、上下は太め、それ以外は細め

　表に罫線は欠かせません。しかし、ただ罫線を引けばよいというわけではありません。見やすい表にするには、罫線の引き方にもしっかりしたルールを決めるべきです。

　図1-19の上のように、**エクセルが既定で選択している実線で格子状に線を引くと、同じ太さの線で全体を区切ることになるため、数字がとても見づらくなります。**また、表そのものもあか抜けない印象になります。

　下の図のように、数字が見やすく、スッキリした表にするには、異なる太さの線を組み合わせてメリハリをつけるようにします。あまり太い線は使わない、余計な線は引かない、というのが原則です。具体的には、表の境を明確にするために最上部と最下部には太めの線を引きます。そして表の中は、最も細い破線を横にだけ引きます。

　これを読んだ方は、「縦線は必要ないの？」と思うかもしれませんが、原則として縦線は必要ありません。その理由については、後ほどご説明しますので、少々お待ちください。

---

column 　投資銀行のエクセルはカスタマイズされている

　投資銀行が使っているエクセルは、ちょっと特殊なエクセルになっています。たとえば、**本書で紹介している罫線の引き方や、列幅の調整などは、1クリックでまとめて修正できるようにカスタマイズ**されています。そちらのほうが作業は速くなりますし、フォーマットの乱れも少なくなります。また、社内用にカスタマイズされたショートカットもあるなど、エクセル作業を効率化する仕組みが整えられているのです。そのため、私のように投資銀行を辞めてからもエクセルを使っている者は、汎用のショートカットを覚え直したり、フォーマットをいちいち手作業で修正したりしなければならず、心が折れそうになることもあります。

| 図1-19 | 線は少なく、細く |

✗ 罫線がすべて同じ線

	1年目	2年目	3年目
売上　　　　　円	800,000	1,040,000	1,352,000
販売数　　　個	1,000	1,300	1,690
成長率　　％	N/A	30%	30%
値段　　　　円	800	800	800
費用　　　　　円	300,000	500,000	700,000
人件費　　　円	200,000	400,000	600,000
従業員数　人	1	2	3
1人あたり人件費　円	200,000	200,000	200,000
賃料　　　　円	100,000	100,000	100,000
利益　　　　　円	500,000	540,000	652,000

収益計画

線ばかり目立ってしまって、表が見にくい！

● 罫線にメリハリがある

収益計画

	1年目	2年目	3年目
売上　　　　円	800,000	1,040,000	1,352,000
販売数　　　個	1,000	1,300	1,690
成長率　　％	N/A	30%	30%
値段　　　　円	800	800	800
費用　　　　円	300,000	500,000	700,000
人件費　　　円	200,000	400,000	600,000
従業員数　人	1	2	3
1人あたり人件費　円	200,000	200,000	200,000
賃料　　　　円	100,000	100,000	100,000
利益　　　　円	500,000	540,000	652,000

全体的にスッキリしていて、表が見やすい！

上の表は、エクセルが既定で選択している実線で格子状に罫線を引いたものです。下の表は太い線と細い破線を組み合わせて必要な線だけを引いています。

| 図1-20 | 線の選び方

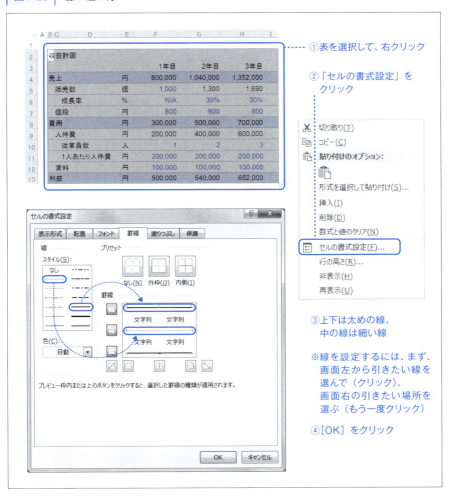

8 | 文字は左ぞろえ、数字は右ぞろえ

　文字や数字は位置がそろっていないと読みづらいものです。文字や数字を左右のどちらにそろえるかは、どちらから読むかによって決まります。

　図1-21のように文字は左から読むのに対して数字は右から読みます。数字を見るときには、一、十、百、千、万というように右から読んで桁数を認識するからです。

　文字や数字をそろえる位置は、それを読む起点をベースにして、文字は左ぞろえ、数字は右ぞろえにします。

　図1-22のように時々、数字を中央にそろえている表を見かけます。数字全体ではなくても、成長率のような桁数の少ない数字だけを中央にそろえることもあるでしょう。しかし、数字はすべてが右端にそろっていなければ見づらいのでやめましょう。

　数字を右にそろえる理由は、実はもうひとつあります。図1-23のように正しいフォーマットの表には縦線がありません。数字が右端でそろっていれば、縦線がなくても数字を読むうえで問題ないからです。余計な線は入れないほうが簡潔で見やすい表になります。**「必要のない線は必ず消す」**を徹底してください。

図1-21　**文字は左にそろえて、数字は右にそろえる**

図1-22 数字を右にそろえると、ケタがわかりやすい

✘ 数字が右にそろっていない

	A	B	C	D	E	F	G	H	I
1									
2	収益計画								
3						1年目	2年目	3年目	
4	売上				円	800,000	1,040,000	1,352,000	
5		販売数			個	1,000	1,300	1,690	
6		成長率			%	N/A	30%	30%	
7		値段			円	800	800	800	
8	費用				円	300,000	500,000	700,000	
9		人件費			円	200,000	400,000	600,000	
10		従業員数			人	1	2	3	
11		1人あたり人件費			円	200,000	200,000	200,000	
12		賃料			円	100,000	100,000	100,000	
13	利益				円	500,000	540,000	652,000	

ケタがわかりにくい！

● 数字が右にそろっている

	A	B	C	D	E	F	G	H	I
1									
2	収益計画								
3						1年目	2年目	3年目	
4	売上				円	800,000	1,040,000	1,352,000	
5		販売数			個	1,000	1,300	1,690	
6		成長率			%	N/A	30%	30%	
7		値段			円	800	800	800	
8	費用				円	300,000	500,000	700,000	
9		人件費			円	200,000	400,000	600,000	
10		従業員数			人	1	2	3	
11		1人あたり人件費			円	200,000	200,000	200,000	
12		賃料			円	100,000	100,000	100,000	
13	利益				円	500,000	540,000	652,000	

ケタがわかりやすい！

上の表は数字を中央にそろえているため桁数の違いを読み取りづらい。下の表は数字が右にそろっているので桁数の違いが一目でわかります。

| 図1-23 | 縦線は必要ない理由 |

⭕ **数字が右にそろっている**

	A	B	C	D	E	F	G	H	I
1									
2	収益計画								
3						1年目	2年目	3年目	
4	売上				円	800,000	1,040,000	1,352,000	
5		販売数			個	1,000	1,300	1,690	
6		成長率			%	N/A	30%	30%	
7		値段			円	800	800	800	
8	費用				円	300,000	500,000	700,000	
9		人件費			円	200,000	400,000	600,000	
10		従業員数			人	1	2	3	
11		1人あたり人件費			円	200,000	200,000	200,000	
12		賃料			円	100,000	100,000	100,000	
13	利益				円	500,000	540,000	652,000	

縦がそろっているので、縦線を引く必要がない！

　文字は左ぞろえ、数字は右ぞろえが基本ですが、そのとおりにするとかえって見づらくなる部分が、表の中にあります。数字が入っている列の、タイトル名の文字です。これを基本どおりにすると、タイトル名と数字の位置がそろわず、関連がわかりづらくなります。

　図1-24の上の表では、数字の上にある「2年目」のタイトルの文字は左ぞろえ、その下の数字は右ぞろえになっています。ルールのとおりなのですが、**これでは「2年目」が「800,000」の列のタイトルなのか、「1,040,000」の列のタイトルなのか判断に迷います。こういう迷いの積み重ねが、エクセルのストレスにつながるのです。**

　これを解消するために、数字が入っている列のタイトル文字に限っては、数字に合わせて右にそろえます。下の表がタイトルを右ぞろえにしたものですが、「2年目」が「1,040,000」の列のタイトルだということが一目でわかります。

図1-24 タイトル文字は、数字に合わせて右にそろえる

✕ タイトル文字が左にそろっている

> どちらか、わからない！

	A B C	D	E	F	G	H	I
1							
2	収益計画						
3				1年目	2年目	3年目	
4	売上		円	800,000	1,040,000	1,352,000	
5	販売数		個	1,000	1,300	1,690	
6	成長率		%	N/A	30%	30%	
7	値段		円	800	800	800	
8	費用		円	300,000	500,000	700,000	
9	人件費		円	200,000	400,000	600,000	
10	従業員数		人	1	2	3	
11	1人あたり人件費		円	200,000	200,000	200,000	
12	賃料		円	100,000	100,000	100,000	
13	利益		円	500,000	540,000	652,000	

○ タイトル文字が右にそろっている

> 縦がそろっていて、わかりやすい！

	A B C	D	E	F	G	H	I
1							
2	収益計画						
3				1年目	2年目	3年目	
4	売上		円	800,000	1,040,000	1,352,000	
5	販売数		個	1,000	1,300	1,690	
6	成長率		%	N/A	30%	30%	
7	値段		円	800	800	800	
8	費用		円	300,000	500,000	700,000	
9	人件費		円	200,000	400,000	600,000	
10	従業員数		人	1	2	3	
11	1人あたり人件費		円	200,000	200,000	200,000	
12	賃料		円	100,000	100,000	100,000	
13	利益		円	500,000	540,000	652,000	

| 図1-25 | 文字を右ぞろえにする方法

9 | 表は A1セルから始めない

　図1-26のようにエクセルで表を作るときには、ワークシートの左上端にあるセル「A1」から始めることが多いようですが、正しいフォーマットの表では「B2」から始めます。

「A1」から始めた表は、画面で上の線が見えませんし、表の左側にもゆとりがありません。これに対し、「B2」から始めると、上に1行、左に1列分の余白ができ、上の罫線が見えて表の範囲をつかみやすくなります。また、左に1列あることで、余計な縦線が入っていないこともチェックできます。

図1-26 表はA1セルから始めない

❌ **A1セルから始めた表**

	A	B	C	D	E	F	G	H
1	収益計画							
2					1年目	2年目	3年目	
3	売上			円	800,000	1,040,000	1,352,000	
4		販売数		個	1,000	1,300	1,690	
5			成長率	%	N/A	30%	30%	
6		値段		円	800	800	800	
7	費用			円	300,000	500,000	700,000	
8		人件費		円	200,000	400,000	600,000	
9			従業員数	人	1	2	3	
10			1人あたり人件費	円	200,000	200,000	200,000	
11		賃料		円	100,000	100,000	100,000	
12	利益			円	500,000	540,000	652,000	

↪ 表の罫線（枠線）が見えない！

⭕ **B2セルから始めた表**

	A	B	C	D	E	F	G	H	I
1									
2		収益計画							
3						1年目	2年目	3年目	
4		売上			円	800,000	1,040,000	1,352,000	
5			販売数		個	1,000	1,300	1,690	
6				成長率	%	N/A	30%	30%	
7			値段		円	800	800	800	
8		費用			円	300,000	500,000	700,000	
9			人件費		円	200,000	400,000	600,000	
10				従業員数	人	1	2	3	
11				1人あたり人件費	円	200,000	200,000	200,000	
12			賃料		円	100,000	100,000	100,000	
13		利益			円	500,000	540,000	652,000	

表の罫線（枠線）が見える！

SECTION 4 数字や背景の色を変える

1　数字の色を変える

　エクセルの表を見やすくする上で、色はとても重要な要素になります。その理由は、単純に数字が羅列しているだけだと、読み手にとっては理解しにくいためです。色を使ってメリハリをつけることで、何が重要な数字か、きちんと伝える必要があります。一方、派手な色を使いすぎても見づらくなってしまいます。大切なことは、必要最低限の色を使って、強調すべきポイントをシンプルに明確にすることです。その具体的な方法について、数字の色、背景の色、そして枠線の非表示、の3つをご紹介します。

　エクセルの表で使う数字は3つに大別できます。**1つはセルにベタ打ち（直接入力）した数字、2つ目は計算式の数字、3つ目は他のシートを参照している数字です。この3つは、誰が見てもわかるように色で区別します。**
　エクセルの表では、あとで数字を入れ替えてさまざまなシミュレーションを行います。たとえば、「成長率が10％増えたら、売上はどれだけ増えるだろうか」「従業員数を2名増やしたら、利益は増えるのか、減るのか」といったことを試算するわけです。
　このとき、**自分でいじれるのは、最初にベタ打ち（直接入力）した数字だけです。** そうすると、どの数字を変えてもよいのか、簡単に区別できることが重要になってきます。そこで数字を色分けするわけです。そうしておけば、変えられる数字を一目で判別できます（図1-28）。
　数字の色を変えるといっても、人によって違う色を使っていては、第三者が理解できない表になってしまうので、数字の色のつけ方についてもルールを決めます。本書のルールは図1-27のとおりです。

図1-27 | 数字の色は3種類（重要！）

	（例）	（数字の色）
①ベタ打ちの数字	= 40 = 314.2 + 50 + 3	青
②計算式の数字	= A1 + B3	黒
③他シートを参照	= Sheet3!A1	緑
④ベタ打ちと計算式が混ざった数字	= 40 + B3	✗

→ やってはいけない！

ところで、みなさんが作っている表に、図1-27の④にある「= 40 + B3」のような数式が含まれていないでしょうか。

「= 40 + B3」は、式にベタ打ち（直接入力）の数字「40」と、セル参照の「B3」が混ざっています。「40」のほうは変えられますが、「B3」は変えられません。**このように、ベタ打ちの数字と計算式が混ざっていると、他人にわかりにくく、計算ミスが起きやすくなります。**数字の色分けルールを徹底することによって、「= 40+B3」のように色分けできない計算をしなくなります。その結果、計算ミスも防げるというわけです。

図1-28 いじれる数字を「青」で明確に

✗ 数字の色がすべて同じ

	A B C	D	E	F	G	H	I
1							
2	収益計画						
3				1年目	2年目	3年目	
4	売上		円	800,000	1,040,000	1,352,000	
5	販売数		個	1,000	1,300	1,690	
6	成長率		%	N/A	30%	30%	
7	値段		円	800	800	800	
8	費用		円	300,000	500,000	700,000	
9	人件費		円	200,000	400,000	600,000	
10	従業員数		人	1	2	3	
11	1人あたり人件費		円	200,000	200,000	200,000	
12	賃料		円	100,000	100,000	100,000	
13	利益		円	500,000	540,000	652,000	

どれが「いじれる数字」か、わからない！

○ ベタ打ちの数字が青

	A B C	D	E	F	G	H	I
1							
2	収益計画						
3				1年目	2年目	3年目	
4	売上		円	800,000	1,040,000	1,352,000	
5	販売数		個	1,000	1,300	1,690	
6	成長率		%	N/A	30%	30%	
7	値段		円	800	800	800	
8	費用		円	300,000	500,000	700,000	
9	人件費		円	200,000	400,000	600,000	
10	従業員数		人	1	2	3	
11	1人あたり人件費		円	200,000	200,000	200,000	
12	賃料		円	100,000	100,000	100,000	
13	利益		円	500,000	540,000	652,000	

いじれる数字　　いじれない数字

| 図1-29 | 文字色の変え方 |

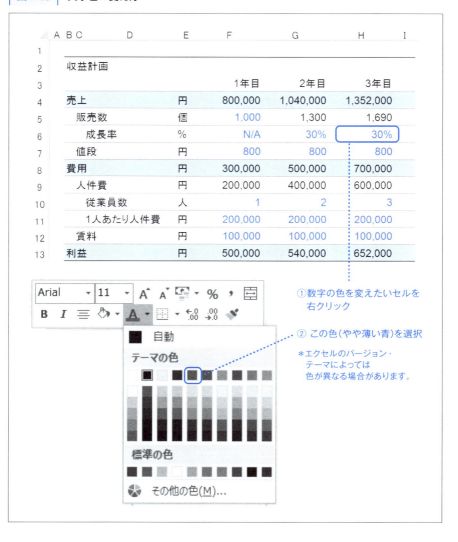

2 | 背景の色を変える

　濃い色を多用した表は見づらいものですが、かといって色をまったく使わないのも考えものです。色を使わないと平板な表になります。**これに対して重要な箇所に色をつけておけば、そこがしっかり目に入ってきます。表を見やすくするうえで、色の活用は大事なポイントになります。**

　では、どの色を使うのかというと、これは一概には言えません。色の選び方としては、コーポレートカラー（ロゴの色など）に合わせた色を使うほうが、資料にまとまりが出ます。投資銀行でも、会社のカラーに合わせて色を選んでいます。使う色については、所属する組織でよく使う色に合わせて決めてください。**ただし、濃い色は避けたほうがよいでしょう。セルを目立たせようとして濃い色、派手な色を使うと、逆に数字が目立たなくなるからです。あくまで主役は数字ですから、薄い色を使うのが基本です。**
　参考までに言うと、よく使われるのは薄い水色です。また、強調したい項目の背景色には、薄いピンクが使われることが多いようです。
　使う色の種類も、せいぜい3色くらいまでにしましょう。たくさんの色を使ってしまうと、逆に表が見にくくなってしまいます。

図1-30　背景の色でメリハリをつける

✘ 背景の色がない

	A B C	D	E	F	G	H	I
1							
2	収益計画						
3				1年目	2年目	3年目	
4	売上		円	800,000	1,040,000	1,352,000	
5	販売数		個	1,000	1,300	1,690	
6	成長率		％	N/A	30%	30%	
7	値段		円	800	800	800	
8	費用		円	300,000	500,000	700,000	
9	人件費		円	200,000	400,000	600,000	
10	従業員数		人	1	2	3	
11	1人あたり人件費		円	200,000	200,000	200,000	
12	賃料		円	100,000	100,000	100,000	
13	利益		円	500,000	540,000	652,000	

表に メリハリ がなくて、わかりにくい！

○ 背景の色がある

	A B C	D	E	F	G	H	I
1							
2	収益計画						
3				1年目	2年目	3年目	
4	**売上**		円	800,000	1,040,000	1,352,000	
5	販売数		個	1,000	1,300	1,690	
6	成長率		％	N/A	30%	30%	
7	値段		円	800	800	800	
8	**費用**		円	300,000	500,000	700,000	
9	人件費		円	200,000	400,000	600,000	
10	従業員数		人	1	2	3	
11	1人あたり人件費		円	200,000	200,000	200,000	
12	賃料		円	100,000	100,000	100,000	
13	**利益**		円	500,000	540,000	652,000	

表に メリハリ があって、わかりやすい！

図1-31 セルに背景色をつける

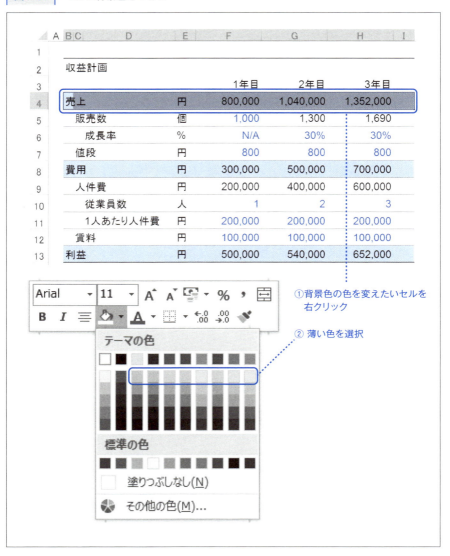

| column | **投資銀行でも会社によってフォーマットのルールは違う？** |

　数字の色（ベタ打ちは青、計算式は黒）は、投資銀行業界では共通のルールになっています。しかし他業界では違うようで、大手会計監査法人に勤めている友人は、そこでのルールは投資銀行と逆、つまりベタ打ちは黒、計算式は青だと言っていました。まあ、ベタ打ちと計算の色が区別されていればよいので、このルールでも問題はないと思います。

　ちなみに、ハーバード・ビジネススクールでは、投資銀行と同じ数字の色（ベタ打ちは青、計算式は黒）で教えているようです。これは、そういうルールを教える研修会社が米国にあって、大手投資銀行やビジネススクールでも教えていることから、共通ルールになっているのだと思います（本書も、日本の共通ルールブックになれればいいなと願っています）。

　ただし背景色は、投資銀行業界の中でも、会社によってかなり違います。これは、会社のイメージカラーに合わせて背景色のルールが決まる、というのが大きな理由だと思います。

3 　枠線を非表示にする

　図1-32のようにもうひとつ、表の見やすさを左右する要素として、セルの枠線があります。セルの枠線とは、セルを目立たせるためにセルの周囲に表示されているグレーの線のことです。この線はなくても問題ありませんし、非表示にするほうが数字が際立って見えます。

枠線を非表示にするには、表の背景色を「白」にする方法が簡単です。

　枠線を消す方法として、エクセルの[表示]→枠線のチェックボックスをオフにする、というやり方もあります。これでも問題ないのですが、私は「背景色を白」という方法を使っています。理由は単純で、覚えやすいからです。いちいち新しい方法を覚えるよりも、できるだけ同じ機能を使いまわすほうが楽です。

図1-32　枠線がないだけで、すっきりした印象に

✕ 枠線あり

	A	B	C	D	E	F	G	H	I
1									
2		収益計画							
3						1年目	2年目	3年目	
4		売上			円	800,000	1,040,000	1,352,000	
5			販売数		個		1,300	1,690	
6				成長率	%	N/A	30%	30%	
7			値段		円	800	800	800	
8		費用			円	300,000	500,000	700,000	
9			人件費		円	200,000	400,000	600,000	
10				従業員数	人	1	2	3	
11				1人あたり人件費	円	200,000	200,000	200,000	
12			賃料		円	100,000	100,000	100,000	
13		利益			円	500,000	540,000	652,000	

グレーの線が気になる！

○ 枠線なし

	A	B	C	D	E	F	G	H	I
1									
2		収益計画							
3						1年目	2年目	3年目	
4		売上			円	800,000	1,040,000	1,352,000	
5			販売数		個	1,000	1,300	1,690	
6				成長率	%	N/A	30%	30%	
7			値段		円	800	800	800	
8		費用			円	300,000	500,000	700,000	
9			人件費		円	200,000	400,000	600,000	
10				従業員数	人	1	2	3	
11				1人あたり人件費	円	200,000	200,000	200,000	
12			賃料		円	100,000	100,000	100,000	
13		利益			円	500,000	540,000	652,000	

すっきりしていて見やすい！

図1-33 | 枠線を非表示にする方法

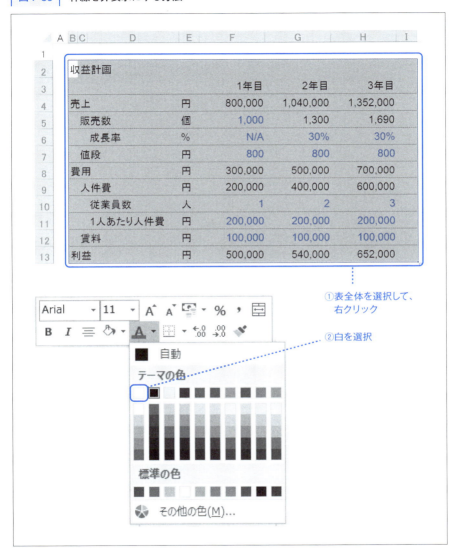

SECTION 5　その他のフォーマットのルール

1　行・列を隠す（グループ化）

エクセルの表では、自分は計算で使っていても、ほかの人には見せなくてもいいセルがあったり、表示しているとかえって見にくくなるセルがあったりするものです。そういう行や列は隠しましょう。

表の一部分を隠すには［グループ化］の機能を使います。グループ化がどのようなものか、手順を追って説明しましょう。

図1-34のように隠したい行の行番をドラッグして選びます。次に［データ］タブを開き、［グループ化］をクリックします。

図1-34　行を隠したいときは「グループ化」

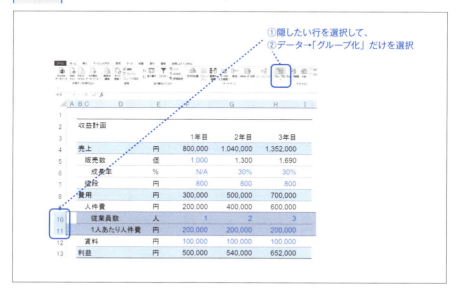

図1-35のように行がグループ化され、表示されたマイナスボタンをクリックすると、下の表のようにグループ化した行が折りたたまれ、プラスのボタンが表示されます。この表では「従業員数」と「1人あたりの人件費」の行が隠れました。再表示するときは、プラスのボタンをクリックしてください。

図1-35　―（マイナス）ボタンをクリックすると非表示になる

―ボタンをクリックすると、
「従業員数」「1人あたり人件費」の行が隠れる

ちなみに、**セルを隠すときに「非表示」機能を使う方がいますが、これはおすすめしません。**非表示機能は「グループ化」と似た機能ですが、「プラスボタン」「マイナスボタン」がありません。このボタンがないと、そこにセルが隠れていることが明示されないので、初めて見た人はセルが隠れていることに気づきません。これはかなりストレスを感じますので、非表示機能は使わずにグループ化を徹底してください。

2 │ 数字が入らないセルには「N/A」

表には、何もデータが入らないセルもあります。そこを空欄のままにしておくと、表を作成する過程で、「これから計算して埋めるセル」なのか、「データが入らないセル」なのか、と考えてしまいます。

こういう考えるストレスをなくすために、何もデータが入らないセルには「N/A」と入力します。「N/A」は「Not Applicable」の略で、ここにはデータが入らないことを表しています。図1-36の下の表では、1年目の成長率の欄が「N/A」になっています。1年目には成長率はないからです。

---

column　ほかにも使われる略語「N/M」

N/A以外によく使われる略語に、「N/M」というものもあります。これは、not meaningfulの略ですが、簡単に説明しましょう。

たとえば、1年目の売上が100万円、2年目が150万円だとすると、成長率は50%になります。では、1年目の売上が0円だったら？ この場合、成長率は計算できません（0で割れないため）。

こういうときには、成長率のセルにN/Mと表示します。このように、「計算できない」「計算結果に意味がない」場合には、N/Mと記載します。この表示は、米国の上場企業の決算資料でもたまに見ることがあります。

図1-36　数字が入らないセルには、「N/A」

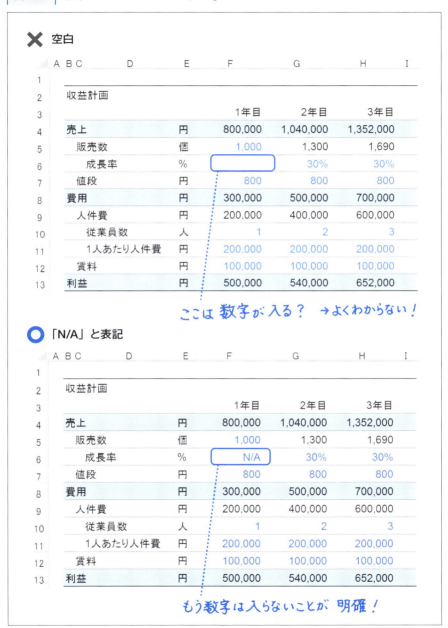

3 | 使っていないシートは削除

　エクセルの表はワークシートに作ります。正しいフォーマットでは、使っているシートには、その内容を示す名前をつけます。そして、白紙のシートが残っていたら削除します。

　余分なシートがあると、エクセルを見た人はそこにも何かデータがあるのだろうと考えて、わざわざ開くかもしれません。それも時間の無駄になりますし、「わかりづらい」とストレス感じる一因にもなります。白紙のシートは削除しておきましょう。シートについては、第二章で細かく説明します。

図1-37 | シートのルール化も重要です

使っているシートには忘れずに名前をつけます。エクセルのバージョンによっては、新しいブックに3枚のシートが含まれているので、シートが残ったら削除します。

4 | フォーマットを整えるタイミング

　正しいフォーマットを決めたとしても、実際に作業を行うときには、いつフォーマットを整えればよいか迷うことがあります。データをすべて入力してからフォーマットを整えようとすると、場合によっては行や列がずれて面倒なことになります。かといって、データを入力する前に表の形を整えようとしても、データがまったくない状態では文字や数字の長さがわからず、列幅ひとつ決められません。

　私がおすすめしているのは、データを入力したり、計算を行ったりするたびにフォーマットを整えていくやり方です。

　ほかの方法ではなぜダメなのか、図を使って説明しましょう。

　図1-38は、先にデータを入力してからフォーマットを整える例です。この方法では、最初はフォーマットを考えずにデータを入力し、計算を行います。しかし、フォーマットを整えていない表は、作っている本人にもわかりづらいものです。このような状態でデータを入力したり、計算をしたりすると、入力位置を間違えるおそれがあります。あまり賢明な方法とはいえません。

　これに対して図1-39は、何か入力するたびに、それに関係するフォーマットを行いながら表を作っていく例です。たとえば最初に項目を入力したら、項目の部分に関するフォーマット、すなわち行の高さや列幅を整えます。次に数字を入力したら、数字にカンマと色をつけます。そして、数字の位置に応じて、列のタイトル文字を右にそろえます。

　このように、入力するたびに、あるいは計算をするたびに、それに関係するフォーマットを行うようにすれば、ある程度、形の整った表の中で作業をすることになり、データ入力のミスが起きにくくなります。

図1-38　フォーマットを整えるタイミング①

❌ 全部計算してから、まとめてフォーマットを整える

	A B C	D	E	F	G	H
1						
2	収益計画					
3				1年目	2年目	3年目
4	売上		円	800000	1040000	1352000
5	販売数		個	1000	1300	1690
6	成長率		%	N/A	0.3	0.3
7	値段		円	800	800	800
8	費用		円	300000	500000	700000
9	人件費		円	200000	400000	600000
10	従業員数		人	1	2	3
11	1人あたり人件費		円	200000	200000	200000
12	賃料		円	100000	100000	100000
13	利益		円	500000	540000	652000

フォーマットを**整えないまま**計算すると、計算の途中で**ミスをする**！

	A B C	D	E	F	G	H	I
1							
2	収益計画						
3				1年目	2年目	3年目	
4	**売上**		円	800,000	1,040,000	1,352,000	
5	販売数		個	1,000	1,300	1,690	
6	成長率		%	N/A	30%	30%	
7	値段		円	800	800	800	
8	**費用**		円	300,000	500,000	700,000	
9	人件費		円	200,000	400,000	600,000	
10	従業員数		人	1	2	3	
11	1人あたり人件費		円	200,000	200,000	200,000	
12	賃料		円	100,000	100,000	100,000	
13	**利益**		円	500,000	540,000	652,000	

図1-39　フォーマットを整えるタイミング②

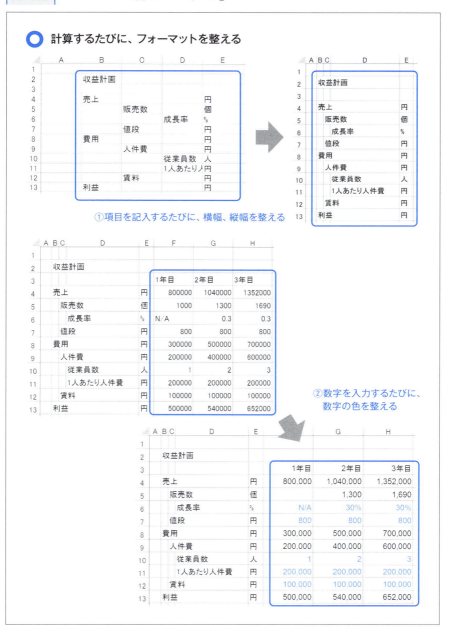

SECTION 6 フォーマットのルールを社内で徹底する

　ここまで、正しいフォーマットの作り方や設定の仕方を説明してきましたが、フォーマットは決めるだけでなく、そのルールを徹底させることが何より大切です。しかし、これが難題でもあります。
　多くのビジネスパーソンは日々の仕事に追われているので、エクセルで表を作る際にも細かいフォーマットにこだわっていられなかったり、フォーマットに思い出せない部分があっても適当に処理したりするかもしれません。しかし、フォーマットをおろそかにしていると、気がついたときにはルールが形骸化し、せっかく作ったフォーマットを誰も使わないような事態になります。

図1-40　フォーマットのルールをチームで徹底する仕組み

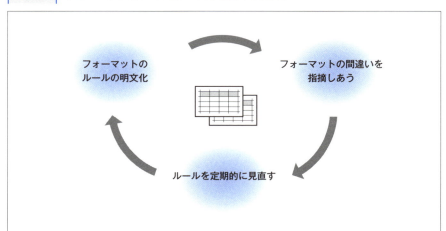

「フォーマットのルールの明文化」、「フォーマットの間違いを指摘しあう」、「ルールを定期的に見直す」の3つのステップを繰り返すことで、フォーマットのルールを徹底していきます。

そうならないように、フォーマットのルールを社内に徹底させるために、次の3つのポイントを押さえましょう。
（1）フォーマットのルールを明文化する
（2）フォーマットの間違いをチームメンバー同士で指摘しあう
（3）ルールを定期的に見直す

　1つ目のルールの明文化とは、抜け漏れのないルールブックを作ることです。投資銀行には必ず、フォーマットのルールブックがあります。とはいっても、自社のオリジナルなルールブックを一から作るとなると、大変な労力が必要になります。そこで最初は、本書で紹介したフォーマットを共有することから始めてください。そして、そのルールを徹底しましょう。
　一番問題なのは、「私はこのフォーマットが好きだから」という理由だけで、チームのルールを無視して、独りよがりのフォーマットでエクセルを使ってしまうことです。これを許していると、いつまでたってもチーム全体のエクセル能力は向上しません。例外を安易に許さず、きっちり「型」にはめなければいけません。
　チームへのルール徹底の方法ですが、まずは社内研修を通じて、ルールを社員に伝えます。特に、エクセルの作業は若手の社員が行うことが多いので、入社直後の新卒者研修にはしっかり時間をかけるようにしましょう。ちなみに外資系投資銀行では、東京オフィスの新卒社員はニューヨークまたはロンドンで3週間程度の研修を受けますが、その多くの時間を、エクセルを使った財務シミュレーション・モデルの作成に費やします。
　また、社内ルールを徹底するために、外部講師を活用するのも効果的です。社内の文書管理担当者が「このフォーマットのほうが見やすい」といくら説明しても、現場の社員は「フォーマットをいちいち整えるのは面倒だな」と思うかもしれません。そういう思いを打ち砕くには、外部の専門家から厳しく「見づらいフォーマットは、組織に生きる社会人として失格！」と言ってもらうほうが効果的です。

2つ目の、フォーマットの間違いをチームメンバー同士で指摘しあうというのは、社内でお互いが作った表を見て、フォーマットに間違いがあったら指摘するということです。ルールを守るといっても、個人によってレベルが異なります。厳密に守れる人もいれば、ちょっと緩い人もいるでしょう。そして、他人のミスは指摘しづらいものです。気づいていても「少しくらいフォーマットが違っていてもいいかな」と思って指摘しない、ということになりがちです。

　しかし、それを繰り返していると、気がついたらチームのフォーマットがバラバラになってしまった、となりかねません。共通したフォーマットをチームで徹底させるためには、できあがった表を他人が厳しくチェックするクセをつける必要があります。お互いが作った表を見せ合って、「ここがルールから外れている」ということを遠慮なく言い合いましょう。

　ほかの人のフォーマットのミスをチェックするからには、自分の作った表にミスがあってはならないという意識も出てきます。自分にも厳しくなる、一石二鳥の方法です。

　ちなみに投資銀行の現場では、フォーマットに関する指摘は実に細かくて厳しく行われます。プレゼンテーションの30分前に上司からフォーマットのミスを指摘され、あわててページを差し替えるなんてことはザラです。ページを差し替える時間がなく、とりあえず紙だけ印刷して、顧客企業に移動するタクシーの中で資料のページを差し替えることもよくやりました。当時の私は、「そこまでするかあ？」と思ったものですが、ただ、細かなフォーマットのミスを許し始めると、だんだんフォーマット全体が崩れていくわけですから、ささいなミスでも、けっして許されることではないのです。
「フォーマットの緩みは気の緩み」「フォーマットの間違いはチーム全体の責任」という意識を、ぜひチーム全員で共有してください。

　3つ目は、ルールを定期的に確認したり、修正したりすることです。お互いにミスを指摘しあうなかで、「ここはルールを変えたほうがよいのではないか」という改善点も見つかるはずです。それを議論するミーティングを行

い、ルールを改善していきます。

　具体的には、ルールを作る責任者を1人置き、この人がルールを作り、それを定期的に再検討する。6カ月に1度くらいの頻度でチームメンバーを集めて、それまでに作成されたエクセルを叩き台にして、ルールが守られているか、ルールを変更すべきかについて議論する時間を確保するとよいでしょう。その検討結果を踏まえて、責任者がルールを改訂する。これを繰り返すのが理想的です。誰かが責任を持ってルールを浸透させていかなければ、ルールの徹底を持続させることは困難です。

　かつて筆者が行った企業研修で、こんなことがありました。先に「日本語はMS Pゴシックで」という話をしましたが、その研修でも参加者に「日本語はMS Pゴシック」と指示しました。ところが、その後に参加者が作ったモデルを見ると、メイリオを使っている人が数名いたのです。聞いてみると、その会社には「パワーポイントのフォントはメイリオを使う」というルールがすでにあって、それに合わせて、うっかりエクセルでもメイリオを使ってしまったと言うのです。そこで参加者全員を集めて、「メイリオとMS Pゴシック、どちらも見やすいフォントなので、私はどちらでもいいと思います。ただ、それが人によってバラバラなのはよくない。チーム全体でフォントを統一してこそ、作業も効率化するし、ミスも減りますから」と言い、その場でみんなにアンケートを取ったところ、メイリオにしたいと答えた人が多かったことから、その会社ではメイリオをエクセルの統一フォントにすることをルール化しました。

　ルールを徹底させるのは大変なことに思えるかもしれませんが、その努力が必要なのはそれほど長い期間ではありません。半年もするとフォーマットが常識になるので、チーム全員が同じフォーマットを使うことが、苦にはならなくなるはずです。いちどフォーマットに慣れたらしめたもので、フォーマットがあるおかげで手早く表が作れ、他人の表を正しく理解できるようになります。

　フォーマットは頭で理解するのではなく、体で覚えるまで徹底してこそ効果が発揮されます。フォーマットを作って共有したら、ぜひこのレベルまで到達してください。

column　エクセルの表をパワーポイントのスライドに貼り付ける

　エクセルで作成した表は、パワーポイントのスライドに貼り付けてプレゼンテーションに使ったり、資料として配付したりすることがあります。このとき、エクセルの表をコピーして単にスライドに貼り付けてしまうと、次のような問題が生じます。

1．フォーマットがずれてしまう
　パワーポイントのスライドの書式が適用されてしまうので、エクセルで指定したフォントや色が変わることがあります。

2．スライド上で数字や文字を編集できてしまう
　単純に［貼り付け］でスライドに貼り付けた表は、パワーポイントで数字や文字の編集が行えます。便利そうですが、ここにミスが起きる原因があります。
　たとえば、プレゼンの直前に数字の変更があったとします。時間がないのでパワーポイントに貼り付けた表の数字を直接変えたとしましょう。当然、そのパワーポイントに記載されている数字は、エクセルの計算結果とは異なるわけですから、プレゼンの数日後に上司や顧客から「あれ、エクセルの表とスライドの表で数字が違うのはどうして？」と聞かれると、困ったことになります。どこをどのように変えたのかすっかり忘れてしまって、トラブルになる可能性が高いわけです。

　このような問題が生じないように、エクセルの表は画像としてスライドに貼り付けます。そうすれば、エクセルで計算した表「だけ」をスライドに反映できますし、パワーポイント側ではエクセルの表を編集できませんので、計算の根拠がわからないということがなくなるわけです。

| 図1-41 | エクセルの表をパワーポイントに貼る方法 |

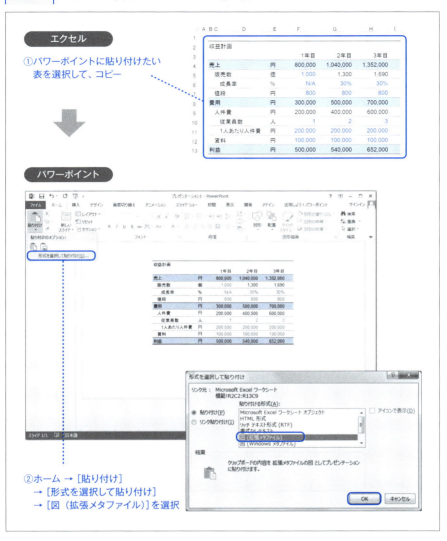

見やすいエクセル 第1章

練習問題

　ここまで、正しいエクセルのフォーマットについて説明しました。
　みなさんが現在使っているエクセルの表を、きれいなフォーマットに修正していただきたいのですが、いざ修正しようとすると、なかなか手がつかないものです。
　ということで、最後に練習問題を1問出します。
　ちょっと見づらいエクセルの表を、きれいなフォーマットに修正するという作業を一緒にやっていきましょう。
　フォーマットの内容自体は、これまで説明したものと同じですので、復習のつもりで読んでください。

＜テーマ＞
　自動車販売ビジネスにおける、将来3年間の営業人員計画を策定した。営業スタッフ1名に期待する販売台数は年間10台、そして1台あたりの売上は100万円。人件費は、スタッフ1名あたり500万円とする。このスタッフを、1年目は3名、2年目は4名、3年目は5名と増やしていく場合、3年間にどれくらいの利益を生み出すことができるか計算した。

✖ 修正前

	A	B	C	D	E	F	G	H	I
1	営業計画								
2						1年目	2年目	3年目	
3	売上（千円）					30000	40000	50000	
4	値段（千円）					1000	1000	1000	
5	販売数（台）					30	40	50	
6	営業人数（人）					3	4	5	
7	1営業あたり販売数（台）					10	10	10	
8	人件費（千円）					15000	20000	25000	
9	営業人数（人）					3	4	5	
10	1営業あたり人件費（千円）					5000	5000	5000	
11	利益（千円）					15000	20000	25000	

⬤ 修正後

	A	B	C	D	E	F	G	H	I	J
1										
2		営業計画								
3							1年目	2年目	3年目	
4		売上				千円	30,000	40,000	50,000	
5			値段			千円	1,000	1,000	1,000	
6			販売数			台	30	40	50	
7				営業人数		人	3	4	5	
8				1営業あたり販売数		台	10	10	10	
9		人件費				千円	15,000	20,000	25,000	
10			営業人数			人	3	4	5	
11			1営業あたり人件費			千円	5,000	5,000	5,000	
12		利益				千円	15,000	20,000	25,000	

練習問題・解答

この表ですが、

	A B C	D	E	F	G	H	I
1	営業計画						
2				1年目	2年目	3年目	
3	売上（千円）			30000	40000	50000	
4	値段（千円）			1000	1000	1000	
5	販売数（台）			30	40	50	
6	営業人数（人）			3	4	5	
7	1営業あたり販売数（台）			10	10	10	
8	人件費（千円）			15000	20000	25000	
9	営業人数（人）			3	4	5	
10	1営業あたり人件費（千円）			5000	5000	5000	
11	利益（千円）			15000	20000	25000	

まずは数字を見やすくしましょう。

1）表全体の行の高さを18に統一（P.22参照）
2）数字のフォントをArialに統一（P.26参照）
3）数字に「カンマ」を追加（P.30参照）

	A B C	D	E	F	G	H	I
1	営業計画						
2				1年目	2年目	3年目	
3	売上（千円）			30,000	40,000	50,000	
4	値段（千円）			1,000	1,000	1,000	
5	販売数（台）			30	40	50	
6	営業人数（人）			3	4	5	
7	1営業あたり販売数（台）			10	10	10	
8	人件費（千円）			15,000	20,000	25,000	
9	営業人数（人）			3	4	5	
10	1営業あたり人件費（千円）			5,000	5,000	5,000	
11	利益（千円）			15,000	20,000	25,000	

次に、この表は線が多すぎますし、項目も整理されていない印象ですので、そのあたりを見やすくします。

4）表はA1セルから始めない（P.46参照）
5）項目に合わせて横に1列ずらす（P.33参照）
6）罫線は、上下線は太め、それ以外は細め。縦線は入れない（P.39参照）

	A B C D	E	F	G	H	I	J
1							
2	営業計画						
3				1年目	2年目	3年目	
4	売上（千円）			30,000	40,000	50,000	
5	値段（千円）			1,000	1,000	1,000	
6	販売数（台）			30	40	50	
7	営業人数（人）			3	4	5	
8	1営業あたり販売数（台）			10	10	10	
9	人件費（千円）			15,000	20,000	25,000	
10	営業人数（人）			3	4	5	
11	1営業あたり人件費（千円）			5,000	5,000	5,000	
12	利益（千円）			15,000	20,000	25,000	

だいぶスッキリしましたね。次は、単位が見づらいのと、数字の桁が縦にそろっていないので、修正します。

7）単位を1列にまとめる（P.36参照）
8）数字は右ぞろえ（P.42参照）

	A B C D	E	F	G	H	I	J
1							
2	営業計画						
3				1年目	2年目	3年目	
4	売上		千円	30,000	40,000	50,000	
5	値段		千円	1,000	1,000	1,000	
6	販売数		台	30	40	50	
7	営業人数		人	3	4	5	
8	1営業あたり販売数		台	10	10	10	
9	人件費		千円	15,000	20,000	25,000	
10	営業人数		人	3	4	5	
11	1営業あたり人件費		千円	5,000	5,000	5,000	
12	利益		千円	15,000	20,000	25,000	

そして最後に、数字やセルの色を修正します。
9）ベタ打ちの数字を青（P.48参照）
10）強調したいセルを薄い青（P.52参照）

	A	B	C	D	E	F	G	H	I	J
1										
2		営業計画								
3							1年目	2年目	3年目	
4		売上				千円	30,000	40,000	50,000	
5			値段			千円	1,000	1,000	1,000	
6			販売数			台	30	40	50	
7				営業人数		人	3	4	5	
8				1営業あたり販売数		台	10	10	10	
9		人件費				千円	15,000	20,000	25,000	
10			営業人数			人	3	4	5	
11			1営業あたり人件費			千円	5,000	5,000	5,000	
12		利益				千円	15,000	20,000	25,000	

　これで完成です。たったこれだけのフォーマット修正で表の印象がずいぶん変わることが、理解していただけたと思います。

column　吊り服、ハイソックス、カラーキーパー

　本章では、エクセルの見た目にこだわりましょうという話をしましたが、投資銀行の人たちが「見た目」にこだわるのは、エクセルに限ったことではありません。たとえば、スーツ。私がモルガン・スタンレーに入社したとき、上司から「スーツにこだわれ！」と言われた話を紹介します。

①吊り服はNG
　「吊り服」が何を意味しているのかさっぱりわからなかったのですが、調べてみるとどうも既製服のことらしい。
　つまり、「吊り服はNG」とは、「オーダーメードのスーツを着ろ」ということです。
　そうはいっても、お金がない新卒の社会人にオーダーメードのスーツは無理。ということで、この指示は拒否しました。

②靴下はハイソックスを履くべし
　なぜハイソックスか？普通の靴下を履くと、椅子に座ってズボンがたくし上がった際に、すね毛が見えてしまうからです。これはクライアントに対して失礼だ、というのが上司の主張でした。
　なるほど、たしかにそれはクライアントも嫌がるかも……と思い、ハイソックスを履いてみることにしました。
　ところが、とにかく夏が暑い！ただでさえスーツの着用、ネクタイ必須の金融業界。そこにハイソックスが加わるのでは辛すぎる！ということで、結局この指示も拒否。

③カラーキーパー
　カラーキーパーを知っている人も多いと思いますが、シャツ衿の芯のことです。
　シャツは襟が丸まってしまうことがあるので、それを防ぐために写真のような、金属やプラスチックでできた芯を襟の裏側に入れるわけです。
　「襟元がしっかりしていると、スーツもピシッと見える」と上司の指示。これには納得し、値段もそう高くないので、さっそく購入しました。

ところが、こちらも結局続きませんでした。なぜか？投資銀行はとにかく激務です。運動もできず、ストレスのせいで食べてしまうため、私は入社してすぐに太ってしまいました。太ると、首回りも窮屈になってきます。すると、金属製のカラーキーパーが首や鎖骨に突き刺さるわけです。痛い。

ということで、服装に関しては、私は上司の指示に1つも従うことはありませんでした。投資銀行はエクセルができなければクビになりますが、スーツがきれいじゃなくてもクビにはなりません。

以上、外資系投資銀行がこだわる「見た目」の話でした。

カラーキーパーを見ると、投資銀行時代を思い出します

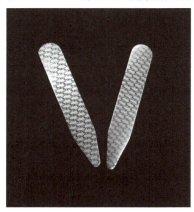

第2章

ミスのないエクセル
徹底的に正確な仕事のために

SECTION 1 投資銀行で計算ミスは「絶対に」許されない

　投資銀行で絶対にやってはいけないこと、それは計算ミスです。たとえば、M&Aのアドバイスをするときに買収金額の計算をしますが、外資系の投資銀行の場合、最低でも数百億円、大型になると数兆円もの買収金額になります。これを、エクセルを使ってしっかり計算するわけですが、そこで計算ミスをして金額が少しずれただけでも、それこそ数億円、数十億円の違いになってしまいます。

　顧客が投資銀行に求めているのは、ミスが絶対にない、正確な計算です。万が一計算ミスをしようものなら、顧客の信頼を失うばかりか、損害賠償を請求される可能性すらあります。ですから、投資銀行では計算ミスを起こさないように、十分に時間をかけて計算チェックを行います。

　実際に投資銀行で仕事をしている人間からすると、計算にはものすごく大きなプレッシャーがあります。よく「汗と涙の結晶」と言いますが、**投資銀行の計算作業は「冷や汗と涙の結晶」です。**いまでこそ私も、「計算ミスをしてはダメですよ」などと軽く言っていますが、投資銀行にいたときには本当に怖くて、できれば計算をやりたくないと思うこともしょっちゅうでした。夜中まで計算して家に帰り、眠る直前に「あれ、あそこの計算、間違えているかも？」と思うと、気になって眠れなくなります。そのプレッシャーを乗り越えてミスのない計算をしなければならないところが、投資銀行の仕事がきついと言われる理由の1つでもあります。

　では、投資銀行は計算ミスを防ぐために、どのような工夫をしているのでしょうか。それをいくつか紹介しましょう。

SECTION 2 エクセルで計算ミスしないために徹底する3つのポイント

計算ミスを防ぐためのポイントは3つあります。

1つ目は、シンプルでわかりやすい計算の徹底。できるだけシンプルな計算をすることです。複雑な計算をしてしまうと、それだけでミスが起きやすくなりますから、誰が見てもわかりやすい計算をしたほうがよいわけです。

2つ目は、計算チェックの徹底です。どんなにわかりやすい計算をしても、ヒューマンエラーをゼロにすることは難しいので、しっかりチェックすることが大切です。

3つ目は、チームワークの徹底です。これについては、みなさんもあまり意識していないかもしれませんが、**計算ミスは個人の作業ミスに起因するよりも、チーム内のコミュニケーションのまずさから起きることが多いのです**。エクセルはチーム全体で作り上げるものですから、チームを挙げて計算ミスの防止に取り組まなければ、いつまで経ってもなくなりません。計算ミスを防ぐためのルールをチーム内でしっかり作り、そのカルチャーを社内に浸透させることが重要です。

図2-1　エクセルで計算ミスをしないための徹底ポイント

1. シンプルでわかりやすい計算の徹底
2. 計算チェックの徹底
3. チームワークの徹底

1　数式にベタ打ちの数字を入れない

　1つ目のポイントである「シンプルでわかりやすい計算を徹底する」について、もう少し詳しく見ていきましょう。

　計算をできるだけシンプルにするためには、ベタ打ちの数字と数式をきちんと分けることが大切です。図2-2を見てください。

　これは販売数の見通しの表で、毎年、販売数が500個ずつ増えています。上下の表のどちらがわかりやすいかというと、明らかに下の表ですよね。

　上の表でも販売数が増えていることは読み取れますが、どのようにして増えているのかという根拠は、まったくわかりません。毎年500個ずつ増えているという計算かもしれませんし、50％増加といった成長率で計算しているかもしれません。このようにわかりづらいのは、数式の中にベタ打ちの数字が入っているからです。

　これに対して下の表では、販売数と前年からの増加分がきちんと分かれているので、この2つを足せば2年目の販売数になることがわかります。

　また、数式とベタ打ちの数字を分けたほうが、シミュレーションもしやすくなります。下のように数式とベタ打ちの数字が分かれていると、前年からの増加分の数字をいじれば販売数をシミュレーションできます。ところが、上の表では数式の中の数字を変えていかなければなりません。

　さらに、数式とベタ打ちの数字を分けておくことで、数字の入力ミスも見つけやすくなります。たとえば、3年目の列にある前年からの増加数が表では「500」になっていますが、これを誤って「600」と入力したとしましょう。この場合も、下の表なら入力ミスを見つけやすい。上の表では数式を表示しない限り、増加数の数字が間違っていることに気づきません。

　第1章で、ベタ打ちの数字は「青」に、数式は「黒」に、と文字色を分けることをおすすめしたのは、実は上の表のようなことをしないようにするためです。頭の中で「ベタ打ちは青」「数式は黒」と区別していれば、ベタ打ちと数式が混ざっていたときに、「あぁ、これはいかん！」とわかります。

　ベタ打ちと数式を分ける意識をしっかり持つためにも、文字色を分けるクセを身につけましょう。

図2-2 計算式に「ベタ打ちの数字」は入れない

2 | 長い数式は NG

　長い数式というのは、1つのセルで複雑な計算を一気にやってしまうことです。これは頭のいい人ほどしがちなのですが、ミスの原因になります。たとえば、図2-3のセル「G13」に入っている数式がそうです。

　こういう長い数式にすると、初めて見た人はどんな計算をしているのか全然理解できませんし、チェックもしづらくなります。**エクセルでいちばん大事なポイントは、誰が見てもわかりやすいものを作ることですから、長い数式が1つあったら、それだけでダメなエクセルです。**計算は1つ1つ、とにかくシンプルにするのが基本です。図の「G13」の式は、作った本人以外の人にはわかりづらいものです。こういう独りよがりの計算をしてはいけません。

　シンプルでわかりやすい計算とは、「このセルとこのセルを足して、このセルになる」「このセルとこのセルを掛けて、このセルになる」という具合に、1つずつ丁寧に計算していくことです。

---

column　このエクセル、怖くてさわれない

　投資銀行でよく使われる言葉に、「このエクセル、怖くてさわれない」というのがあります。たとえば、筆者がエクセルで計算をして、それを上司や先輩に見てもらうとします。その計算が非常に複雑だったり、わかりづらかったりすると、上司や先輩はエクセルを修正できません。計算をいじったら、どこかで計算が狂ってしまい、ミスが起きる可能性があるからです。そういうときに「このエクセル、怖くてさわれないから、もっときれいに、わかりやすくしてくれない？」と言われます。

　シンプルでわかりやすい計算を徹底するという文化が根づいている、投資銀行ならではの言い方です。

図2-3 　長い計算式はNG

	A B C	D	E	F	G	H	I
1							
2	収益計画						
3				1年目	2年目	3年目	
4	売上		円	800,000	1,040,000	1,352,000	
5		販売数	個	1,000	1,300	1,690	
6		成長率	%	N/A	30%	30%	
7		値段	円	800	800	800	
8	費用		円	300,000	500,000	700,000	
9		人件費	円	200,000	400,000	600,000	
10		従業員数	人	1	2	3	
11		1人あたり人件費	円	200,000	200,000	200,000	
12		賃料	円	100,000	100,000	100,000	
13	利益		円	500,000	=G5*G7-(G9+G12)		

計算が長すぎて わかりにくい！

「G13」のセルでは、利益を求めるために「販売数×値段−（人件費＋賃料）」という長い式を作っています。

3 　シートの構成をわかりやすくチャートにまとめる

　企業研修で教えていると、シートの構成がしっかりできていないために、エクセル全体がわかりづらくなっているケースを数多く見かけます。シートの並び順を意識せずに作ると、そうなってしまいます。

　エクセルは1つのファイルに複数のシートがあります。私たちはシートの見出しを見て、どのシートで何の計算をしているのか、シート間にどのような関係があるかを理解することになります。ですから、シート見出しの並びが乱雑でまとまりがないと、そのエクセルで何をやっているのか、とてもわかりづらくなるわけです。

　それを防ぐために、エクセルの最初のシートに、このファイルにはどういうシートがあり、どのシートがどのシートの計算に使われているかということを示す構成図を作ることをおすすめします。図2-4が構成図の一例です。

シート数が少なければ、構成図を作らなくてもわかるかもしれませんが、シート数がある程度多くなったら必要です。シートの構成図があると、初めて見た人にも、そのエクセルでしている計算の流れがパッとわかります。

また、構成図を作るクセをつけると、エクセルの作業を始めるときに、シートを新たに作るたびに「どういうシートにしようか」といったシートの意義を考えるようになるので、余計なシートを作らなくなります。

では、シートの構成はどのようにするべきか、説明しましょう。これも、ポイントは3つです。

1．シートは「左から右に向かって」計算する
2．シートをグループごとに色分けしてまとめる
3．シートの非表示はNG

図2-4　シートの構成をわかりやすく

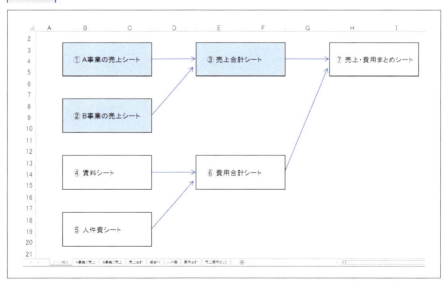

4 シートは「左から右に向かって」計算する

　まず、シートの並び順をしっかり意識しましょう。それを考える際に重要なのは、計算の流れに合わせることです。計算は左から右に向かって行いますが、シートの並びもこれに合わせます。基本的に左のシートから右のシートへ流れていくようにします。こうすることでシート全体の流れが頭に入りやすくなります。

　よく、計算のまとめのシートを、右端ではなく、左端（つまり最初のシート）にしたほうが見やすいと考える人もいます。たしかに左端にしておけば、エクセルを開いてすぐにまとめシートを見ることができます。しかし、これはやめたほうがいいでしょう。こうすると計算の流れが逆になってしまうからです。計算は左から右へ流れていくのに、最後のまとめだけが左端にあると、計算の流れに沿っていないので、よくわからなくなります。

　エクセルは、計算の流れを理解するのが非常に難しく、シートの見出しの並び順だけで理解しなければなりません。だからこそ、シートの流れも計算の流れと同じにして、読み手にわかりやすいエクセルを作ることを心がけるのです。

5 シートに色をつける

　シートの構成図では、図の中のシートを分類して色をつけます。それぞれのシートがどういうグループに分かれているかを、一目で理解できるようにするためです。たとえば売上に関するシートとして、A事業の売上のシート、B事業の売上のシート、そして売上の合計のシートがあれば、この3つを同じ色にします。こうすれば、同じグループ（売上）のシートだということがわかります。

　さらに、図2-5のように構成図のシートの色と、それぞれのシート見出しの色も同じにします。つまり、構成図で売上に関係するシートを水色で表示したら、それぞれのシート見出しの色も水色にします。そうすればシートを探しやすくなるからです。

| 図2-5 | シート見出しに色をつける方法

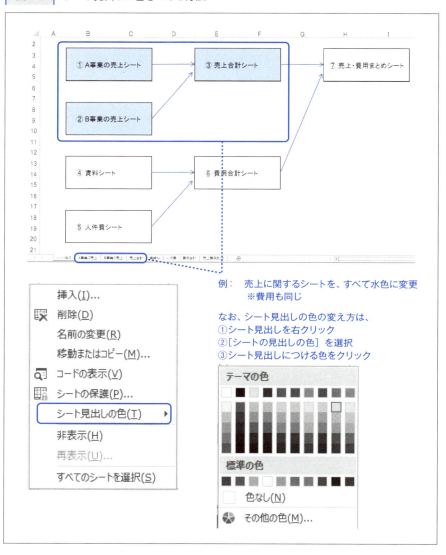

このときに、どのグループにも入らないシートが何枚か出てくることもあります。それらには色をつけなくてもよいと思います。

6 │ シートの「非表示」はNG

使っていないシートは削除してかまいません。しかし、また使うかもしれないから削除したくない、ということもあります。そこで、使っていないシートを非表示にする人も多いのですが、それはやめましょう。

前節で話したように、エクセル全体の計算の流れは、シート見出しで理解します。**使っていないシートを非表示にすると、ファイルを見た人は、ほかにもシートがあることに気がつきません。これはトラブルの原因になります。**たとえば、非表示のシートがあることに気づかずに、エクセルのファイルを顧客に送ってしまい、しかも非表示のシートには、顧客に見せてはいけない情報があった、ということが起きるおそれもあるわけです。

では、使っていないシートはどう扱えばよいのでしょうか。図2-6のよう

図2-6 │ 使っていないシートはグレー

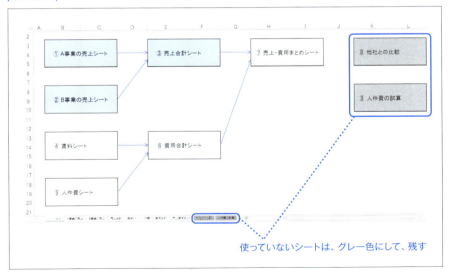

使っていないシートは、グレー色にして、残す

に、シートを右に寄せ、シート見出しはグレーにして目立たないようにしておきます。構成図でも同じようにグレーの色をつけて右端にまとめます。

また、シートを非表示にすると、計算をする人の心理として、「非表示にして人に見せないのだから、適当に計算しておけばいいかな」と気を抜く人がけっこういます。当然、計算ミスも起きやすくなります。ですから、非表示にせず、きっちり計算を残すほうがよいのです。

7 シートの数はできるだけ少なくする

このように、シート同士のつながりを理解するにはそれなりの時間がかかり、それがストレスになって結果として計算ミスにつながります。つまり、シートが多ければそれだけで混乱を招くリスクが大きくなるわけです。だから、シートはできるだけまとめましょう。

たとえば、A事業の売上・費用・利益、そしてB事業の売上・費用・利益があるとします。この場合、最も多くシートを使うと6つのシートになります。計算量にもよりますが、これでは少し多すぎます。できれば「A事業」「B事業」の2つのシートにまとめて、1つのシート内で売上・費用・利益まで計算するようにしましょう。

シートをまとめることのメリットは、もうひとつあります。シート間の参照を減らせることです。シートが分散されるほど、計算チェックが面倒なシート間の参照が増えてしまいます。その点からも、シートはできるだけ少なくまとめるほうがよいでしょう。

8 数字の出所は明確に表記

みなさんがエクセルで計算をするとき、いろいろなところから数字を持ってくるはずです。たとえば、社内のデータであったり、企業の決算資料であったり、最近ではウェブサイトから数字を持ってくることもあるでしょう。

そのときに必ずしてほしいことがあります。その数字をどこから持ってき

たのか、つまり数字の出所をできるだけ細かく書くことです。あとで見直したときに数字の出所がわからないと、チェックができません。出所がわからないために、正しい数字かどうかを確認できなければ、計算の正しさ、ひいてはエクセル資料の信ぴょう性が疑われます。数字の出所は必ず書きましょう。

出所を表示する場所は、図2-7の表のように、項目の右隣りに「出所」の列を設け、そこに記入します。出所がウェブサイトの場合、出所の欄にURLを書くと長くなってしまうので、「(1)」のように注の番号を上付きでつけて、表の下部に「注（1）」としてURLを表示します。

column　優秀なバンカーは注意書きが多い

私がモルガン・スタンレーに入社したとき、上司から口酸っぱく言われたのは「数字の根拠は、きちんとエクセルやパワーポイントに記載するように」ということでした。なぜかというと、その数字をどこから持ってきたかがわからない、つまりブラックボックス化されていると、数字が間違っていないか誰もチェックできないからです。

計算ミスをするのもよくありませんが、数字の出所がはっきりしていれば、それをチェックして修正することは可能です。しかし、数字の出所がわからなければ、そもそも数字が間違っているのか、計算ミスなのかもわかりません。ですから、数字の出所は明らかにしなくてはいけないのです。

また、同じく上司からよく言われたのは、「優秀と評価される人ほど、注意書きもしっかり書く」ということです。周りを見まわしても、確かにそういう傾向はありました。仕事が丁寧な人は、どんなに忙しくても注意書きを丁寧に書いていましたし、仕事が雑な人は計算も雑で、注意書きも書いていませんでした。

注意書きはあとで書こうなどと横着をしていると、結局その数字の出所がわからなくなり、もういちど調べることになって、かえって時間がかかります。数字を入れるたびに出所も書くよう習慣づければ、作業の効率もアップします。

図2-7 文字を上付きにする方法

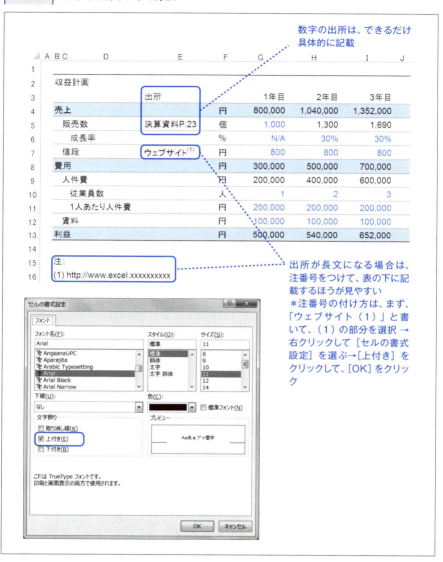

SECTION 3 計算のチェックは「超」重要

　次に、計算のチェックの仕方について考えましょう。どれだけ丁寧にエクセル計算をしても、ミスは起きるものです。ミスを完全に防ぐことはできません。それを大前提にして、効果的なチェックの仕方を身につけましょう。

　計算チェックのポイントは3つです。**1つは計算をするたびにチェックをすることです。**「まとめてやればいいや」と後回しにすると、まずやりませんし、どこまで計算チェックしたかもわからなくなります。計算するたびにチェックするクセをつけましょう。

　2つ目は、全部のセルをチェックすることです。 エクセルでは全部の数字がつながっています。途中で1カ所でも間違えると、最後の結果も間違ってしまいます。「半分くらいチェックすればいいかな」と軽く考え、チェックしなかったところで間違っていると、結局は計算ミスになります。必ず、全部のセルをチェックしてください。エクセルの作業はそれだけデリケートなのです。

　最後の1つは、チェックにかける時間です。 いま言った2点を徹底すると、計算するのと同じくらいの時間をチェックに費やすことになります。みなさんがエクセルを使っていて、「あれ、計算チェックが早く終わったなあ」と感じたら、それはチェックを徹底しきれていないことのサインですから要注意です。「計算している時間＝計算チェックしている時間」を頭の中に入れておいてください。

　それでは、計算チェックの方法について解説していきましょう。

1 | F2

　数字のチェック方法の1つは、[F2] キーを押すことです。ご存じの方も多いと思いますが、数式が入力されたセルをクリックして [F2] キーを押すと、計算の中身がわかります。ベタ打ち数字のセルであれば計算式が表示されないので、ベタ打ちであることを確認できます。

　図2-8は「G4」のセルで [F2] キーを押したところです。これにより、G5 × G7という計算によってG4の数字が算出されたのだとわかります。この計算がどのセルを参照しているのかがパッとわかるので、数式をチェックするのにとても便利です。

　ちなみに、投資銀行はエクセルの計算を年がら年中やっているので、そのぶん [F2] キーを押す回数も多くなります。1日に何百回も [F2] を押していると、間違って隣の [F1] を押してしまうことがけっこうあるんです。[F1] キーを押すと、図2-9のようにヘルプ画面が出てきます。この画面がうっとうしいし、いちいち画面を閉じるのも面倒です。

　そこで、特に投資銀行の若手がやっているのが、写真にあるように、[F1] キーをキーボードから抜いて、ミスタッチをしてもヘルプ画面が出ないようにしています。[F1] キーを押してヘルプが出てくるのが邪魔だなと思う人は、試してみてはいかがでしょうか。

図2-8 　F2で計算式をチェック

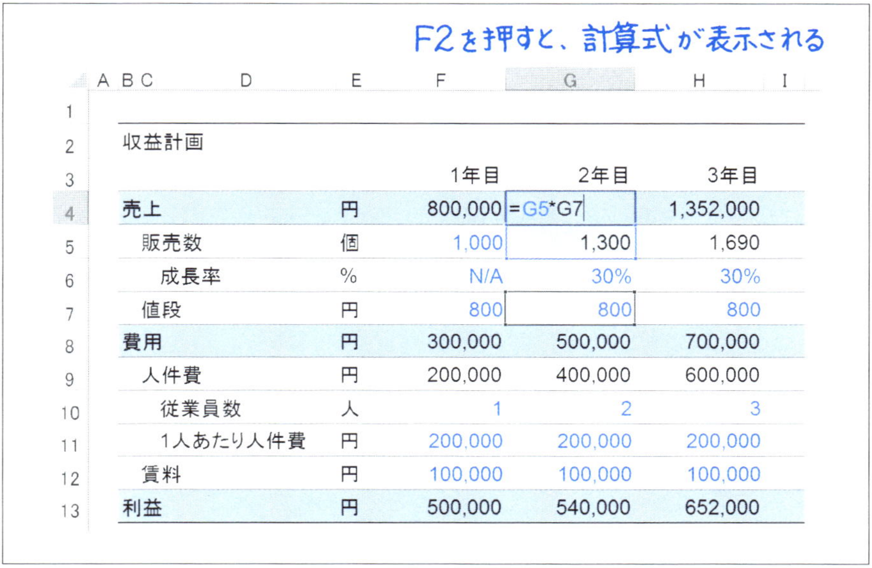

図2-9 　うっかりF1を押すと、こうなる

2 | トレース

　私が、[F2] よりはるかに多く使っている計算のチェック機能があります。「トレース」という機能です。トレースがどんなものなのか、図で説明しましょう。

　トレースには、参照元のトレースと、参照先のトレースの2種類があります。**参照元のトレースは、ある計算がどのセルを参照しているかを矢印で見せてくれるものです。**たとえば、図2-10で、2年目の売上の計算（セル「G4」）で、どのセルの数字を使っているかを知りたいときにこの機能を使います。この例では、販売数の「G5」と値段の「G7」のセルが計算に使われていることがわかります。

　この機能の便利なところは、複数の式に関して参照元を表示できることです。図2-10では1年目の売上（セル「F4」）、2年目の売上（セル「G4」）、3年目の売上（セル「H4」）の3つの数式の参照元を表示しています。

図2-10 | トレースとは

	1年目	2年目	3年目
収益計画			
売上　円	800,000	1,040,000	1,352,000
販売数　個	1,000	1,300	1,690
成長率　%	N/A	30%	30%
値段　円	800	800	800
費用　円	300,000	500,000	700,000
人件費　円	200,000	400,000	600,000
従業員数　人	1	2	3
1人あたり人件費　円	200,000	200,000	200,000
賃料　円	100,000	100,000	100,000
利益　円	500,000	540,000	652,000

このように、同じ計算をしている式の参照元をトレース機能で比べると、計算のミスを見つけやすくなります。図2-11では、3年目の費用（セル「H8」）の計算に「賃料」が含まれていないことが、2年目の費用、1年目の費用の参照元と比較することでわかります。

なお、トレースの操作手順については、図2-13、図2-14を見てください。

筆者はほかの人のエクセルを見る機会が多いのですが、みなさん[F2]キーで数式のチェックをしています。だから数式そのものは、それほど間違っていません。それよりも、参照しているセルが違っている、というミスのほうが多いのです。「コピペ」をやったら参照元がずれてしまった、という感じのミスです。こういうミスは起こりやすいので、注意が必要です。

[F2]キーでは1つの数式の内容だけを表示するので、横の比較ができません。そのため、参照がずれていてもなかなか気づきません。しかし、同じ計算をしている式のトレース矢印を出すと、数式を見比べてミスを見つけやすくなります。これがトレースの大きなメリットです。パッと見てわかりやすく使いやすい機能です。

図2-11　トレースが「超」便利な理由

			1年目	2年目	3年目
収益計画					
売上		円	800,000	1,040,000	1,352,000
	販売数	個	1,000	1,300	1,690
	成長率	%	N/A	30%	30%
	値段	円	800	800	800
費用		円	300,000	500,000	800,000
	人件費	円	200,000	400,000	600,000
	従業員数	人	1	2	3
	1人あたり人件費	円	200,000	200,000	200,000
	賃料	円	100,000	100,000	100,000
利益		円	500,000	540,000	552,000

参照元を比較することで、ミスを見つけやすい！

また、トレースでは参照先を調べることもできます。これも［F2］にはない機能です。

　図2-12は、値段×販売数を計算して売上を出している表です。「B4」の値段の数字がちゃんと売上の計算で使われているか確認したいときは、「B4」のセルを選択して、参照先のトレース矢印を出します。そうすると右のように、「B4」の数字がそれぞれの売上計算に使われていることがわかります。
　このようにトレース矢印を表示すると、イメージで計算チェックができるので、非常にわかりやすくなります。

図2-12　トレースを使えば、計算の流れが一目で分かる

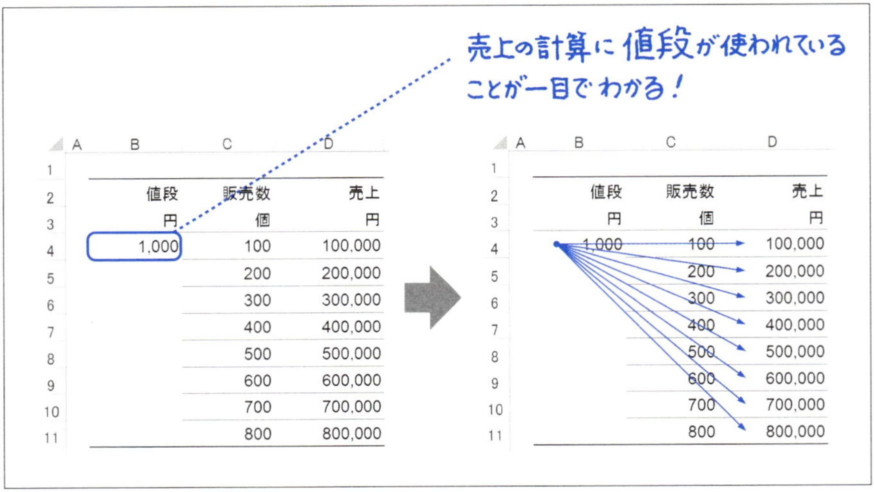

図2-13 参照元（数式にデータを提供しているセル）をトレースする方法

	A	B	C	D	E	F	G	H
1								
2		収益計画						
3						1年目	2年目	3年目
4		売上			円	800,000	1,040,000	1,352,000
5			販売数		個	1,000	1,300	1,690
6			成長率		％	N/A	30%	30%
7			値段		円	800	800	800
8		費用			円	300,000	500,000	700,000
9			人件費		円	200,000	400,000	600,000
10			従業員数		人	1	2	3
11			1人あたり人件費		円	200,000	200,000	200,000
12			賃料		円	100,000	100,000	100,000
13		利益			円	500,000	540,000	652,000

参照元を見たいセルをクリックして、
［数式］タブ →［参照元のトレース］をクリック
ほかのセルをクリックして、同じ操作を繰り返せば、
複数のトレースを表示できる

ミスのないエクセル ｜ 第2章

図2-14　参照先をトレースする方法

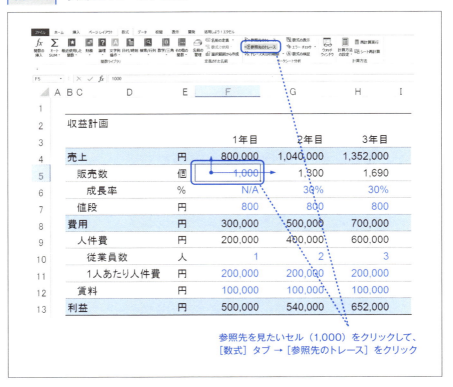

参照先を見たいセル（1,000）をクリックして、
［数式］タブ →［参照先のトレース］をクリック

---

column　**投資銀行では、トレースで絵を描いて一人前！？**

　このトレースという機能を知っている人は少ないのですが、本当に重要な機能です。投資銀行では、新卒研修でもトレースをしっかり学びます。ちなみに、厳しい研修の合間の休憩時間に、トレースの矢印だけで絵を描いて遊んでいる人を見かけます。結構むずかしいです。よかったらみなさんもやってみてください。

図2-15　トレース矢印を削除する方法

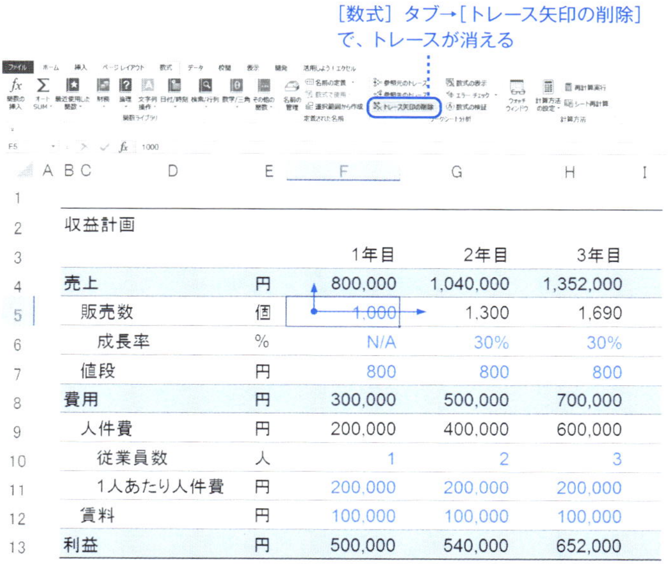

［数式］タブ→［トレース矢印の削除］で、トレースが消える

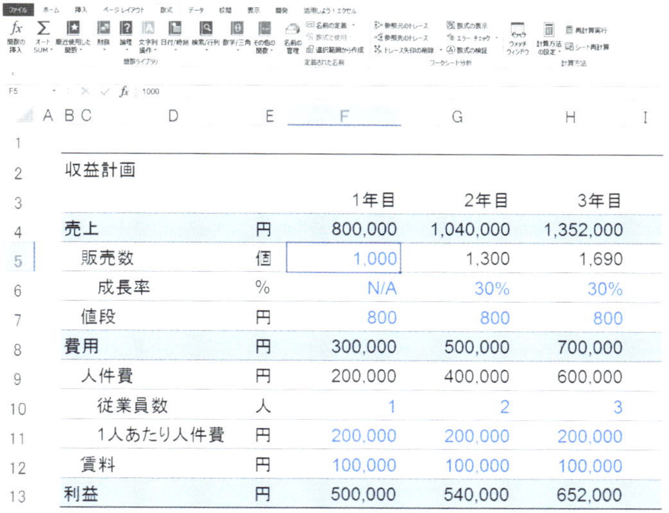

トレースは、計算チェックで頻繁に使う機能なので、ショートカットキーもぜひ覚えておきましょう。これを覚えれば、マウスを使ってクリックしてトレース矢印を出す、という面倒な手順を省略できます。
　ちなみに、筆者はエクセル研修の第1回目はフォーマットや計算チェックを中心に行いますが、その冒頭で必ず「ショートカットは覚えなくていい」と説明します。理由は、むやみにショートカットを覚えて計算スピードを速めることよりも、基本的なフォーマットや計算チェックの作業を重視してほしいからです。計算スピードがいくら速くても、見づらいエクセルや計算ミスのあるエクセルを作っては意味がありません。
　しかし、トレースのショートカットは唯一、「ぜひ覚えてください」と言って紹介します。それだけ計算チェックには欠かせない、重要な機能だからです。

　トレースのショートカットキーは、参照元のトレースは［Alt］［M］［P］で、参照先のトレースは［Alt］［M］［D］。トレース矢印の削除は［Alt］［M］［A］［A］です。
　［Alt］キーを単独で押すところに注意してください。［Ctrl］と組み合わせたショートカットキーと違って、［Alt］キーを押しながらほかのキーを押すのではなく、参照元のトレースだったら、［Alt］［M］［P］を順番に押す。つまり、キーを続けて3回押す操作になります。
　キーボードによって位置はやや異なりますが、［Alt］キーは左下にあります。いま使っているキーボードでの位置を確認しておきましょう。

図2-16　トレースは便利なので、ぜひショートカットを覚えましょう

参照元のトレース	Alt	M	P	
参照先のトレース	Alt	M	D	
トレースの削除	Alt	M	A	A

トレース機能の解説の締めくくりとして、参照元のセルが別のシートにあった場合の確認方法を紹介しましょう。図2-17のように参照元のセルが別のシートにあるときは、トレース矢印が点線で表示されます。この点線をダブルクリックして移動先を選べば、参照元のセルに移動して確認できます。

また、別のシートにある1つのセルを参照元としているのなら、[Ctrl]＋[「]キーを押して参照元のセルに移動することもできます。

なお、ショートカットキーについては、第3章で詳しく説明します。

図2-17 参照元が別のシートにある場合のトレース

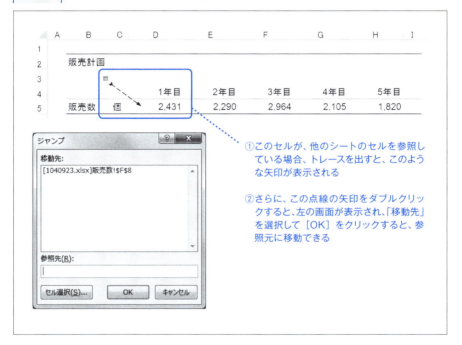

3 数値の推移は「線」でチェック

数字をチェックするといっても、数字をにらんでいるだけではなかなかミスに気づきません。**数字の推移は、必ず「線」でチェックして見ていきます。**

たとえば、チームメンバーが販売計画を作成し、あなたに確認を求めたとします。

図2-18　この数字に違和感がありますか？

	A	B	C	D	E	F	G	H	I
1									
2		販売計画							
3									
4				1年目	2年目	3年目	4年目	5年目	
5		販売数	個	2,431	2,290	2,964	2,105	1,820	

図2-19　数字の推移はグラフで見るとわかりやすい

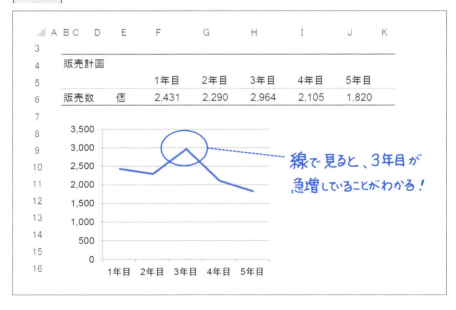

図2-18の数字を見て、何か違和感を覚えますか？　ちょっと見るだけでは特に感じないのではないでしょうか。このままでは「フーン」で終わりますが、1年目から5年目までの販売数の推移を線で表すと、図2-19のようになります。

　これを見ると、販売数は1年目から2年目にかけて、また3年目から5年目にかけては減っています。ところが、なぜか3年目だけグンと上がっている。これを見ると、「あれ、なぜ3年目だけ増えるんだ？」と気づき、計画を作成したメンバーに確認しておこう、となるわけです。
　これは、いわゆる折れ線グラフです。**このように線にして見ると、ちょっとした異常値に気がつくものです。**図2-20に示した手順ですぐに折れ線グラフを作成できますので、数字の変化をチェックするときは、線にして見るというクセを身につけてください。かなりチェック能力が上がります。

図2-20　折れ線グラフの作り方

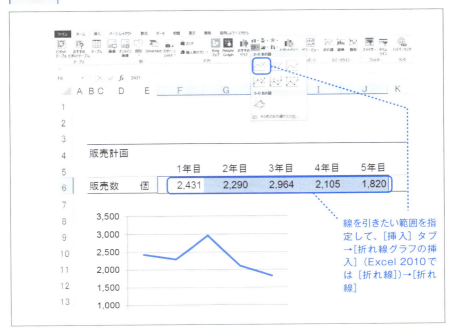

線を引きたい範囲を指定して、［挿入］タブ→［折れ線グラフの挿入］（Excel 2010では［折れ線］）→［折れ線］

ミスのないエクセル｜第2章　105

なお、折れ線グラフは［挿入］タブから作るほかに、ショートカットキーでも作れます。

図2-21のように折れ線にする範囲を選択してから［Alt］［N］［N］［Enter］キーを順に押してください。先ほどのトレースと同じように、キーを1つずつ4回続けて押します。

折れ線グラフを作る位置は、元の数字と重ならない位置であれば、表と同じワークシートでかまいません。

数字のチェックが終わったら、グラフは削除します。グラフエリアをクリックして［Delete］キーを押せば削除できます。

図2-21 折れ線グラフも便利なので、ショートカットを覚えましょう

| 数字の推移をグラフ表示 | Alt | N | N | Enter |

4 | エクセルの作業には多くの時間をかける

ここまで、わかりやすい計算をするための工夫と、計算をチェックする方法について説明してきました。この2つに関連して最後に言いたいことは、エクセルの作業にはとにかく時間を十分にかけてほしいということです。焦って作ったエクセルほどミスが多くなる、というのは間違いのない事実です。時間にゆとりを持って計算をしていかなければ、絶対にミスが起きます。

作業時間に余裕がないと計算が雑になるし、チェックも不十分になります。そうすると計算ミスが増え、「エクセルはやっぱり難しい。自分には向いてないな」と、苦手意識を持ってしまうわけです。 苦手意識を克服するには、時間に余裕を持ってエクセルに向かうしかありません。1つ1つの計算をしっかりやり、十分にチェックしてミスのないエクセルを作る。それがエクセル作業の王道です。

そこで大事になってくるのが図2-22の左上の部分、**「エクセルの作業時間**

が少ない」を「エクセルの作業時間をしっかり取る」に変えることです。そうすればチェックもきちんとできるし、ミスも減ります。そうなるとエクセルに自信が持てるようになり、「じゃあ、もうちょっと時間を使って、しっかりやろうか」とモチベーションが上がっていきます。最初に十分な時間をかけて、良いサイクルを生み出すことが重要です。

　十分な時間の取り方について言えば、**作業時間はできるだけまとめて取ることをオススメします。**エクセルの作業をしている合間に打ち合わせがあったり、顧客とのミーティングがあったりすると、エクセルの作業が細切れになり、作業に戻ったときに「あれ、どこまで計算したんだっけ？」「この計算チェックしたっけ？」ということになってしまい、ミスにつながるのです。エクセルの作業は誰にも邪魔されない環境で、集中して一気に作り上げていくほうが、ミスが起きにくいです。

　筆者の場合は、エクセルの計算、特に収益計画の作成のような大きなエクセルの計算をするときには、週末を使って一気に作業をします。週末であれば、ミーティングがなく、まとまった時間が取れるからです。

　さらに具体的に言うと、その日は昼まで寝て疲れをしっかり取り、13時

図 2-22 　エクセルの作業には、たくさん時間をかけましょう

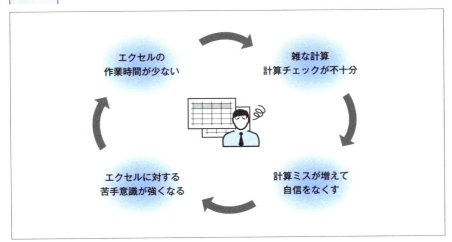

頃に出社して、誰もいないオフィスで夜中まで、ときには朝まで、一気にエクセルの作業をします。途中で終わらせることはせず、最後まで作りきります。中途半端な状態で作業を終わらせると、次に作業を再開するときに混乱しがちだからです。それだけ集中して作業をすると、エクセルがスムーズに、そしていうか、ストレスなく進められます。孤独な作業ですが、平日の忙しい時間に焦って作業をし、ミスして苦しむことを考えれば、かなり気が楽ですね。

　それから、作業完了までのスケジュールについてですが、これも余裕を持たせることが大切です。エクセルは最後のほうでミスが起きやすい。計算が進んでいって、最後の最後で致命的なミスが見つかる、ということもしばしばあります。ですから、エクセルはとにかく前倒しで作業をしたほうがいい。理想を言うと、「いちど作成したエクセルを、もういちど最初から作り直せるくらいの余裕があるスケジュール」がよいでしょう。エクセルを作っていると、途中で「最初からこうしとけばよかった。作り直したいな」と思うことがよくあります。これはエクセルのスキルを向上させる大きなチャンスです。ぜひ作り直して、納得のいくエクセルを追求してください。**失敗を乗り越えて再作成されたエクセルは、以前よりずっと質が高いものになります。**

　たとえば1週間後までに収益計画を作るのであれば、4日後くらいまでには全部作り終えて、あとの3日でしっかりチェックし、必要があれば修正をしていく。それくらいの余裕を持っていれば安全です。繰り返しますが、最後の最後で焦ることが、いちばんミスを招きやすいのです。必ず前倒しのスケジュールを組んでください。

SECTION 4 計算ミスを防ぐチームワーク

　次は、計算ミスを防ぐチームワークについてです。**みなさんにまず認識してもらいたいのは、計算ミスが起きるきっかけは、多くの場合、ほかの人とのエクセルファイルの共有にある、ということです。チームメンバーから受け取ったファイルをきちんと理解できないことからミスが起きます。**

　たとえば、どれが最新のファイルかわからなくなったとか、優秀な人が難しいエクセルの計算をして、ほかのメンバーがついていけずに計算ミスを見つけられなかった、といったトラブルが起きます。

　そこで、ファイルを共有してもミスをしないような仕事の仕方、取り組みが非常に重要になります。ミスをしないためのルールやカルチャーをしっかり作らなければ、計算ミスは絶対に減りません。言い換えると、チームの1人だけが正しくエクセルを使っていても、意味がないということです。チームや組織全体で、計算ミスが起きないルール、カルチャーを作る努力をすることがとても重要です。

1 ｜ 計算1人、ファイル1つ

　そのルールですが、ポイントは2つあります。1つは、**計算をする人を1人に決めること。**これはけっこう大事です。

　投資銀行ではM&Aの買収金額を計算しますが、エクセルの計算をするのはほとんどの場合1人です。2人とか3人でエクセルの計算をすることは非常にまれです。**手分けをすればするほど、ミスが起きやすくなるからです。**いくつかのエクセルのファイルを作って計算を合わせるのは、とても大変な作業です。だから基本的には1人がファイルを全部管理し、修正もその人が行うというのが、投資銀行では一般的です。

たとえば3人のチームで、顧客に営業プレゼンを行うとします。プレゼンでは、提案が顧客にどれくらいの利益をもたらすか、定量的に示す必要があります。この場合、まず、顧客の利益をエクセルで計算する人を決めます。そして、その人が計算をしたら、チェックをあとのメンバーに頼みます。1人が全部の計算をして、2人がその内容をチェックするという作業分担です。

2人がチェックするときの大事なポイントは、エクセルのファイルを自分たちが直接いじるのではなく、エクセルの計算担当者に修正すべきポイントを全部フィードバックし、直させることです。担当者はそれを理解して、全部の修正を行います。

チェックした人それぞれが勝手にエクセルをいじり始めると、誰がどこを修正したのかがわかりづらくなり、結果としてミスが起きやすくなります。ですから、計算する人を1人に決めて、その人に作業を集中させるのが大事なポイントです。

また、エクセルで計算している人以外の2名も、傍観者になってはいけません。計算とチェックの機能分担をしているのであって、あくまでチームプレーであることを忘れてはいけません。1人だけに計算の全責任を負わせて

図2-23　3人プロジェクトでエクセルを使う場合

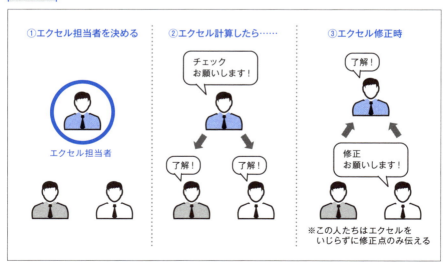

しまうと、当人はプレッシャーを感じてしまい、ミスの原因になりかねません。また、その人にしかわからない「独りよがりのエクセル」になってしまうリスクもあります。

次にファイルの数についてですが、ファイルをいくつかに分けて計算する人もいますが、これはあまりおすすめできません。ファイルはできるだけ1つにまとめて、これが最新のファイルだということを明確にする。そうすれば、間違って古いファイルを見ることもありません。

また、たくさんのファイルが計算でつながっていると、ファイル同士の関連がわかりづらくなります。それを防ぐ意味からも、基本的にファイルは1つにします。

大規模なM&Aでも、ほとんどの場合エクセルのファイルは1つです。1つのファイルで全部を計算することが、投資銀行では徹底されています。

column　24時間エクセル耐久リレー！？

先ほど、(1)エクセルの作業時間をしっかりかけて、余裕をもって取り組む、そして、(2)計算は1人に任せ、ファイルは1つにまとめる、と説明しましたが、緊急のプロジェクトでそのような余裕がない場合だってあります。そんなときは、どうするのでしょうか。

投資銀行時代の先輩から聞いて面白かった話を紹介しましょう。その先輩が担当したM&Aプロジェクトでは、きわめて短いスケジュールで収益シミュレーションモデルを作成しなければならなかったそうです。さすがに1人では無理だ……。でもファイルが増えるのは危ない……。そのときにどうしたかというと、なんと2人がかりで、24時間フル作業態勢でモデルを作り上げたとのこと。つまり、2人で交互に1日12時間ずつ、リレー形式でエクセルを仕上げたわけです。たしかにこれなら、1つのファイルですみますが……。そのプロジェクトの担当にならなくてよかったと、私はつくづく思いました。

2 ファイルは［名前を付けて保存］

　エクセルの作業が終わったらファイルを保存しますが、そのやり方にも注意が必要です。よく、**エクセルのファイルを［上書き保存］する人が多いですが、これはやめたほうがいいです。できるだけ［名前を付けて保存］を行いましょう。ワードと違って、エクセルの変更履歴を残す機能は使い勝手がよくないので、あとから履歴を見られるように、昔のファイルは全部残しておくほうがよいのです。**

　ファイル名の付け方は、ファイルの名前と日付と番号を組み合わせたものにします。ファイルの名前にその日の日付を追加し、さらにアンダースコアを入れて番号を振っていきます。たとえば「Simulation_20150722_3」のようになります。最後の番号で、保存日の日付に続けてつける「1」「2」「3」の数字は改訂数を表します。

　ちなみに、どれくらいのペースで「名前を付けて保存」をして改訂版ファイルを作成するかというと、筆者の場合はだいたい1時間エクセル作業すると1つ改訂版ファイルを作成します。ただし、どんどん複雑な計算になっていくと、そのペースは上がっていき、30分に1度、15分に一度、そして時には1作業ごとに改訂版ファイルを作成することもあります。作業が複雑になるほどミスが発生するリスクが上がりますので、だんだん改訂ペースが上がっていくわけですね。

　もうひとつ大事なことは、「old」フォルダーを作ることです。履歴の代わりに残す古いバージョンのエクセルはすべて、「old」フォルダーの中に入れてしまいます。そうすれば、どれが最新のファイルか迷うことはありませんし、間違って古いファイルで作業することもありません。

　「old」フォルダーを作らないと、図2-25のように、同じようなファイルがズラーッと並んでしまいます。こうなると、最新版を見つけ出すのも一苦労。ミスにつながりやすくなります。

| 図2-24 | 最新のファイルを見つけやすいフォルダー |

フォルダーの直下には、最新のファイルだけを置き、古いファイルは「old」フォルダーに入れてあります。

| 図2-25 | oldフォルダーがないと、こうなる |

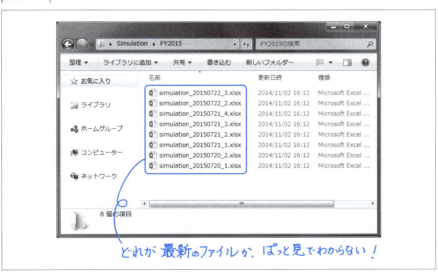

ミスのないエクセル | 第2章 113

3 エクセルファイルをメールに添付しない

ほかのメンバーへのファイルの渡し方にも気をつけるべきことがあります。よく、「このファイル、確認をお願いします」というメールにファイルを添付して送ってくることがありますが、これはやめましょう。メールを受け取った側にしてみれば、添付されたエクセルファイルが最新のものかどうか、わかりません。メールを送った後にファイルを修正することもあるからです。

エクセルファイルを共有するときには、常に最新のファイルを全員で共有することが大事です。バージョンのずれが生じないように、ネットワーク上で共有フォルダーを決めて、そこに最新のファイルを置いて共有する、という方法を徹底しましょう。

図2-26 メールにエクセルファイルは添付しない

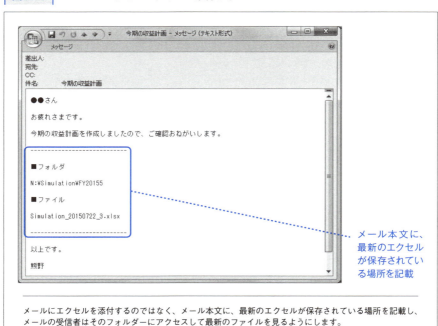

メール本文に、最新のエクセルが保存されている場所を記載

メールにエクセルを添付するのではなく、メール本文に、最新のエクセルが保存されている場所を記載し、メールの受信者はそのフォルダーにアクセスして最新のファイルを見るようにします。

4 │ シンプルな計算を大切にするカルチャー

　エクセルの計算ミスをしやすいチームには、いくつか特徴があります。その1つは、「むやみに難しいエクセルを使う」ことです。当たり前の話ですが、計算はシンプルでわかりやすいほど、ミスをしにくくなります。

　企業の研修にうかがうと感じるのですが、**「エクセルが使える人」イコール「マクロが使える人」、あるいは「ショートカットキーをたくさん知っている人」だと思っている人がけっこういます。これは大きな誤解です。**シンプルに計算すればいいものを、わざわざ難しい関数やマクロを使って計算した結果、チームのメンバーはそれを見ても理解できず、混乱して数字から遠ざかろうとする。そんな最悪のケースが少なくありません。

　筆者は「エクセルマニア」と呼んでいますが、簡単な計算であっても、できるだけそれを自動で計算できるようにしようと、必要のないマクロをわざわざ使って、一気に計算する人たちがいます。気持ちはわからなくもないですが、エクセルマニアが作ったエクセルは、ほかの人にはわからないし、計算のチェックもできません。

　そういうエクセルマニアが会社を辞めると、引き継ぎができないため、エクセルのファイルをゼロから作り直すこともよくあります。

　マクロの知識を持っている人が、最初の段階で独りよがりにマクロを使ってしまうと、こうしたトラブルが起きてしまいます。できるだけシンプルに計算して、全員でその計算をチェックするようにしましょう。

　投資銀行はたくさんの計算、複雑な計算をしていますが、マクロを知っている人はほとんどいません。筆者も投資銀行時代に、マクロがないと困ると思ったことはありませんでした。シンプルな計算を徹底的にチェックする。その繰り返しが、チーム全体でミスをなくすために不可欠です。

　では、シンプルな計算を目指すカルチャーを作るには、どうすればよいのでしょうか。やり方は単純です。**難しい計算をしている人がいたら、「これはわかりにくいから、もっとシンプルにして」と、はっきり言うことです。**難しい計算をすることがカッコいい、と思うのは間違っています。難しい計

算はわかりにくいし、わかりにくいのはよくないことです。だから「もっとシンプルにしてくれ」と言う。それを繰り返していれば、次第にシンプルな計算をするカルチャー（図2-27の左側）になっていくはずです。

社員同士で言い合うのはちょっと気が引ける、という場合は外部研修講師に頼んで、難しい計算のデメリットを強く言ってもらうとよいでしょう。

難しい計算をしたがる人の理屈には、「たしかに難しい計算だが、これによってエクセル作業が自動化され、作業効率が上がるのだからやるべき」というものがあります。たしかに一理あります。誰だって、作業はできるだけ自動化したいものです。そこでチームで議論してほしいのが、「作業自動化のメリットと、難しい計算によってミスが起きるデメリット」の兼ね合いについてです。ちょっとした自動化にこだわりすぎて、計算ミスが起きては意味がありません。

筆者はマクロを全否定しているわけではありません。どうしてもチームでマクロを使う必要が生じることもあるでしょう。そのときはマクロを使うべきです。ただし、その場合はチーム全員でマクロを使えるように、スキルアップに努めてください。大事なことは、チーム全員がスキルレベルを統一させ、独りよがりのエクセルによる計算ミスを防ぐことです。

図2-27　シンプルで分かりやすい計算を目指すチーム作り

⭕ 良いカルチャー	❌ 悪いカルチャー
● シンプルな計算を目指す ● チームメンバーの誰が見てもわかる計算を目指す ● 使う必要のないマクロ、関数は使わない	● 「複雑な計算ができるオレ、かっこいい」と思っている ● チームメンバーが理解できないハイレベルな計算をすることで、自分のスキルをアピールしようとする ● 使う必要のないマクロ、関数を使いたがる

5 チームの計算ミスを減らせるかはトップ次第

第2章の最後に、リーダーシップについてお話ししましょう。

計算ミスをしないという組織のカルチャーを作れるかどうかは、その会社や事業を統括している人、あるいはチームのリーダーなど、いわゆる組織のトップがどれだけ「ミスのない計算を徹底しよう」と思っているかで決まります。

みんな計算は苦手ですし、計算ミスをしたくないから、できればエクセルはやりたくないと思うわけです。もしチームのリーダーが日頃から、「自分は営業出身でお金の計算は苦手だから、ミスしてもしょうがないさ」などと言っていると、メンバーが計算に対して「絶対にミスはしないぞ」という強い意識を持って取り組むことは、まずありません。組織のトップが計算ミスを許さない強い責任感を持っていなければ、それが社内に伝わってしまいますし、みんな計算に対して逃げ腰になります。

チーム全体の計算ミスを減らせるかどうかはリーダーの意識次第だということを、組織のトップに立つ人は肝に銘じてください。

6 リーダーシップ① どんどん質問を投げかける

では、リーダーとして、どういうコミュニケーションをメンバーに対してとればよいのでしょうか。1つは、メンバーがエクセルの計算をしてファイルを持ってきたら、その計算が本当に合っているのか、どんどん質問して確認することです。

エクセルで作業に集中してしまうと、「なぜその結果になるのか」を論理的に説明できなかったり、「売上が期待どおりに上がっていない。なぜだろう？」といった数字の違和感に気がつかなかったりします。そういうときにリーダーが、「なぜこの数字になったのか、理由を教えてほしい」と質問することで、メンバーも視点を変えて数字を見られるようになります。質問は簡単なものでかまいませんので、とにかく質問することが大切です。

そういう質問をされると、メンバーは次にエクセルの結果をリーダーに見

せる前に、**計算が合っているか、資料を見て確かめるようになります。**そして、「売上が伸びているのに利益が減っているのは、費用が増えているからだ」ということをしっかり説明できるように、自分で納得するまできっちり考えるクセが身につきます。

では、具体的にどんな質問をすればよいのか、例を見てみましょう。図2-28のような収益計画をメンバーが作ってきたとします。

これを見たリーダーの最初の質問は、「2年目は1年目より利益が減っていますね。なぜ減っているのですか？」となるでしょう。

そうするとメンバーは、「売上は上がりますが、それ以上に費用が増えるので、利益は縮小します」と答えるでしょう。

そこで次に、「なぜ、費用が増えるのですか？」と質問します。するとメンバーは、「従業員数が増え、1人あたりの人件費が増え、さらに家賃、賃料も増えるので費用が上がります」と説明します。

さらに質問を続けます。「2年目から3年目に向けて利益が増えていくのは

図2-28　この表を見て、質問を考えてみましょう

収益計画		1年目	2年目	3年目
売上	円	823,000	984,570	893,661
販売数	個	1,000	1,110	1,077
成長率	％	N/A	11%	-3%
値段	円	823	887	830
費用	円	320,000	590,000	460,000
人件費	円	220,000	460,000	460,000
従業員数	人	1	2	2
1人あたり人件費	円	220,000	230,000	230,000
賃料	円	100,000	130,000	130,000
利益	円	503,000	394,570	433,661

なぜ？」

メンバーは「売上は少し落ちますが、それ以上に費用が減るので利益が増えます」と答えます。そこで、こう質問します。「なぜ、3年目の費用が減るのかな？」

そうすると、メンバーはここでハッと気づきます。従業員数は変わっていないし、1人あたりの人件費も賃料も変わっていない。それなのに費用が減るのはおかしいんじゃないかと。

図2-29の太線で囲った部分が、問題の箇所です。

「何かおかしい」となったら、どこにミスがあるのかチェックをします。この場合は、参照元のトレースで計算チェックをしてみましょう。

トレース矢印が図2-30のように表示されました。

費用は人件費と賃料を足して算出していますが、3年目だけ賃料が足され

図2-29　ん？　なんか違和感がある……

		1年目	2年目	3年目
収益計画				
売上	円	823,000	984,570	893,661
販売数	個	1,000	1,110	1,077
成長率	%	N/A	11%	-3%
値段	円	823	887	830
費用	円	320,000	590,000	460,000
人件費	円	220,000	460,000	460,000
従業員数	人	1	2	2
1人あたり人件費	円	220,000	230,000	230,000
賃料	円	100,000	130,000	130,000
利益	円	503,000	394,570	433,661

従業員数は変わらないのに、なぜか費用は減っている…

図2-30　トレースで計算チェックすると……

	A B C	D	E	F	G	H
1						
2	収益計画					
3				1年目	2年目	3年目
4	売上		円	823,000	984,570	893,661
5	販売数		個	1,000	1,110	1,077
6	成長率		%	N/A	11%	-3%
7	値段		円	823	887	830
8	費用		円	320,000	590,000	460,000
9	人件費		円	220,000	460,000	460,000
10	従業員数		人	1	2	2
11	1人あたり人件費		円	220,000	230,000	230,000
12	賃料		円	100,000	130,000	130,000
13	利益		円	503,000	394,570	433,661

ていないのがわかります。こういうミスはけっこうしがちですが、実際に計算しているときには気がつきにくいものです。

　ですから、メンバーが収益計画の表を持ってきたら、なぜ利益が上がっているのか、あるいは下がっているのかということを、どんどん聞いていきます。それでミスが見つかると、メンバーの心の中には、もっときちんと計算チェックをしなければ、という意識が芽生えます。**計算ミスが起きるのはエクセルのスキル不足もありますが、計算に取り組む意識の問題であることも多いのです。**

　さらに、エクセルを使って収益計画や企業分析を行うときには、「過去との比較」「類似企業との比較」の質問をするのが効果的です。

　「過去との比較」とは、過去・現在・将来の数字を比較して、その推移や差異の理由を問うものです。質問の例としては、「なぜ過去3年間、利益率が上がっているのか」「なぜ将来の計画では人件費が下がっているのか」が挙げられます。時系列の比較をしっかり説明できるようになることはとても重要です。

「類似企業との比較」では、「なぜライバルのA社の利益率は10％なのに、うちは8％なのか？」といった質問が考えられます。A社より利益率が低い理由がはっきり説明できればOKですし、逆にメンバーが「なぜでしょうねぇ？　エクセルの計算ではそうなっていますが」と答えるようでは、数字に対する意識がまだまだ低いと言わざるをえません。

エクセルはあくまでビジネスで必要な計算のツールにすぎません。エクセルは計算したら終わりではなく、最終的な計算結果を自分の言葉でしっかり説明できるようになって、初めてエクセルの計算ができたことになるのです。リーダーは、メンバーがエクセルの作業を通じてビジネスの数字に強くなっていくように、どんどん質問を投げかけて考えさせてください。

7　リーダーシップ②　エクセル作業時間を十分に与える

2つ目は、エクセルの作業時間は十分に与えるということです。焦って作ったエクセルほどミスが多いものです。余裕を持ったスケジュールでエクセルの作業を行えるように、配慮する必要があります。次年度の事業計画を作成するなど、大がかりな計算作業を行わせる場合には、集中して作業できるよう、それ以外の仕事は与えないほうがよいでしょう。複数の作業を並行していると、どうしてもエクセルに集中できなくなり、ミスが起きやすくなります。それだけエクセルはデリケートな作業です。

そして、**一度提出期限を決めたら、エクセルの計算が終わって自分の下に提出されるまでは、あまり作業に口を出さないこと。**むやみに口出しすると、本人も相当にストレスを感じますし、本人が考えた作業プランを乱すおそれもあるからです。作業に入る前にまとめて指示するか、アウトプットが提出されてからにしましょう。

また、ITの進化に伴ってさまざまな社内データを作成できるようになったせいで、エクセルのアウトプットに対しても細かな指示や要求が増えているように思います。「人件費をもっと細かく見せて」とか、「事業ごとの利益率も一応見たいんだけど」といったものですが、そのためにエクセルがどんどん複雑化している印象を受けます。

細かなデータを部下にリクエストすること自体は、悪くないと思います。ただ、その際は、それにかかる時間やコストを認識すべきです。人件費を細かく出してほしいのであれば、その作業時間の分だけ締め切りを延ばすべきですし、データを出すための費用（担当者の人件費）もかかるということを理解したうえでリクエストしましょう。

作成するデータへの要求が複雑化しても締め切りは変わらないとなると、担当者は焦って作業をすることになる。その結果、計算ミスが起きて、何も意味をなさないデータだけが残る、となってしまうのは最悪のパターンです。

8 　リーダーシップ③
　　計算ミスの最終的な責任は組織のトップにある

最後は至極当たり前の話ですが、事業部やプロジェクトの責任者は、最後の計算のチェックを自分でやること。そして計算の結果に責任を持つことです。顧客に提出した資料に計算ミスがあり、それを相手から指摘されたときに、「部下の不手際で……」と責任回避する人がたまにいます。これでは、顧客の信頼は言うに及ばず、部下からの信頼も失ってしまいます。大事な計算ほど、最後の最後に自分でチェックして、数字に責任を持つリーダーであってほしいと思います。

筆者が投資銀行時代に大きなM&Aをやっていたとき、ニューヨークオフィスの非常に偉いバンカーから直接メールが送られきて、「この数字を確認したいから、君が作ったエクセルのファイルを見せてほしい」とリクエストされたことがあります。ああ、こんなに偉くなってもエクセルを見るんだな、すごいなと感動しました。

数字というのはごまかしがききません。計算を間違えると顧客の信頼も失うので、プロジェクトやチームのリーダーは必ず計算をチェックして、最後の責任を持つことが大切です。

column 手書きで数字を直した上司

　私が投資銀行に入ってついた上司は非常に数字に厳しく、正しい数字を出すことにプライドを持っている人でした。私が、「この人、すごいな」と思ったエピソードがあります。

　あるプレゼンで客先に向かっていたときのことです。いろいろ計算をしてプレゼン資料を作ったのですが、タクシーに乗って資料に目を通し始めた上司が、小さな計算ミスに気づきました。ほんのちょっとの数字でした。修正しようにも、移動中ですから直せません。しかも、投資銀行が作るプレゼン資料は、ものすごくきれいに作って製本してあります。数字のズレはごく小さなもので、プレゼンの内容に影響するようなものではありません。

　そのとき上司はどうしたかというと、きれいに作ってあるプレゼン資料の数字を容赦なく手書きで全部直したのです。それを顧客に見せてプレゼンを行いました。

　そのとき「この人はすごいなあ」と思いました。たとえ些細な計算間違いであっても、間違った数字を出すのは絶対によくないと、手書きで直す。彼は、「資料の見栄えよりも、数字の正確さのほうが重要」という、シンプルで強力な信念に基づいて行動したのです。

　私はそれを横で見ていて、すごいと思うのと同時に、上司に恥ずかしい思いをさせて申し訳ないという気持ちにもなり、もう絶対にこういうミスはしないように気をつけようと思いました（でも私は、その後もミスばかりしていましたが……）。

　このように、組織のトップに、数字の計算結果に責任を持って正しい数字を出すという執念がなければ、組織全体の数字に対する意識は高まりません。

第3章

速いエクセル
質と量を同時に高めるテクニック

SECTION 1
投資銀行はエクセル計算が「超」速い

　第3章では、エクセルの計算スピードを向上させるためのテクニックについて説明します。エクセルの作業スピードには個人差があり、それもけっこう大きく違います。筆者のエクセルセミナーで、あるとき女性の参加者から「エクセルの作業スピードを上げるにはどうしたらいいですか？」と質問されたことがあります。彼女にはお子さんがいて、限られた時間の中で最大の成果を上げなければならないため、とにかくエクセルの作業スピードを上げたい、と考えていました。

　同じような思いを持つビジネスパーソンも少なくないでしょう。エクセルの作業スピードは、少しコツをつかめば大きく向上するものです。みなさんも、ここで紹介するテクニックをぜひ試してみてください。

　外資系の投資銀行はエクセルの計算が本当に速い。少数精鋭で1人が3人分の仕事をこなすため、何においてもスピードが要求されるからです。また、エクセルの作業スピードを上げなければ、計算チェックに時間をかけられません。正確な計算をするためにも、作業スピードは重要になります。

　そこで筆者の経験も交えて、外資系投資銀行でのエクセルのスピードアップ術を紹介しましょう。

　第1章でも述べましたが、外資系投資銀行に新卒で入社すると、ニューヨークまたはロンドンで3週間ほどの研修を受けます。その時間の多くは、エクセルの使い方を学ぶことに費やします。そして研修の際にも、とにかく作業スピードの向上が求められます。

　いきなりエクセルのショートカットキーを50個くらい記載したシートが配られ、すべて覚えろと言われます。そのときは「こんなに覚えるのか!?」と焦ったものですが、最初にしっかり覚えれば指が自然にショートカット

キーを使うようになるので、作業スピードは大きく向上します。しかも、いちど体で覚えたショートカットは忘れないので、エクセルを扱うようになったら早めにショートカットキーを覚えてしまいましょう。

これは聞いた話ですが、ある外資系投資銀行の新入社員研修で、講師からエクセルの計算のお題を出され、その場で表を作らされたそうです。作成に要した時間は平均で15分くらい。その後、過去最速で同じ表を作った映像を見たら、なんと20秒で完成していたとか。作業が速すぎて、何をやっているのかさっぱりわからなかったそうですが……。このようにエクセルのスピードアップのための訓練は、どこの研修でも実施されます。

また、ある外資系投資銀行に入社した友人が、入社初日に先輩から「マウスを使うのは禁止」と、さらりと言われたという話も聞きました。マウスを使わず、ショートカットキーを徹底して使えということでしょうが、これはかなり手荒いやり方ですね。

1 エクセルは「スピードが速ければいい」というものではない

ただし、誤解しないでいただきたいのは、エクセルはスピードが速ければいいというものではないということです。**筆者はエクセルセミナーでは「ショートカットキーは無理して覚えなくてもいい」と必ず伝えます。**「エクセルができる人＝ショートカットキーを知っている人」、あるいは「エクセルができる人＝マクロを知っている人」と誤解する人が多いのですが、これはエクセルに対する悪しき先入観だと思っています。

エクセルで大切なのは、基本的な計算をどれだけわかりやすく、ミスなく行えるかです。優先順位で言えば、ショートカットキーのようなテクニックよりも、第1章、第2章で説明したようなフォーマットの整え方や、計算チェックの徹底のほうが重要です。言わば作業スピードの向上は、それらの作業により多くの時間を費やせるようにするためのサポートにすぎません。基本をおろそかにしてショートカットキーばかり覚え、「スピードは速いけど、見づらくてミスの多いエクセルばかり作るはた迷惑な人」にならないように、注意してください。

SECTION 2 計算のスピードアップに必要な作業の「質」と「量」

図3-1のようにエクセル計算のスピードを上げるのに必要なのは、「計算の質の向上」と「計算の量の増加」の2つです。

まず、質の向上ですが、これはフォーマットを整えることでエクセルの理解スピードを上げたり、ショートカットキーを覚えて作業を効率化することです。

そして、作業の量の増加も大切です。これはエクセルを使いこなす機会をとにかく増やしていくことです。ショートカットキーをたくさん覚えても、それを使わなければ意味がありません。

図3-1 エクセル作業のスピードアップを目指す

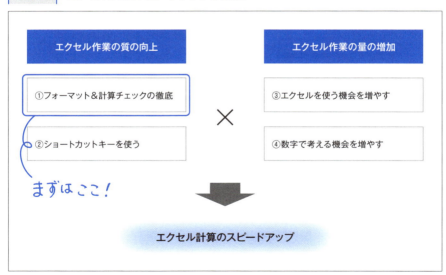

1 フォーマットと計算チェックの徹底

計算のスピードとフォーマットの関係については、第1章でも説明しました。ここで簡単に復習しておきましょう。

図3-2を見てください。フォーマットを社内あるいはチーム内で統一すると、ほかの人が作ったエクセルを理解するスピードが上がります。また、同じフォーマットの作業を繰り返すと、手が慣れてきてエクセルの作業スピードも上がります。

計算のチェックも同じです。チェックをするたびにどうやるか悩んでしまうと、それだけ時間がかかります。第2章で説明したように、[F2] キーを使う、トレースをする、といった計算チェックのパターンを徹底すれば、余計なことを考えずに手が動くようになり、その結果、作業のスピードがさらに上がります。

図3-2 ①フォーマット＆計算チェックの徹底

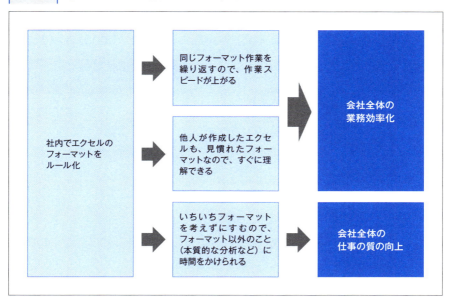

SECTION 3 ショートカットキーの活用

　図3-3のようにショートカットキーを適切に活用することも、作業のスピードアップにつながります。マウスを使っていると、どうしても作業に時間がかかります。
　図3-4のようにここでは、ショートカットキーを3つに分けて説明します。1つは［Ctrl］キーを使うもの、2つ目は［Alt］キーを使うもの、3つ目はそれ以外です。

　［Ctrl］キーを使うショートカットの代表的なものとして、コピーの［Ctrl］＋［C］、貼り付けの［Ctrl］＋［V］があります。ただし、［Ctrl］を使った

図3-3　エクセル作業のスピードアップを目指す

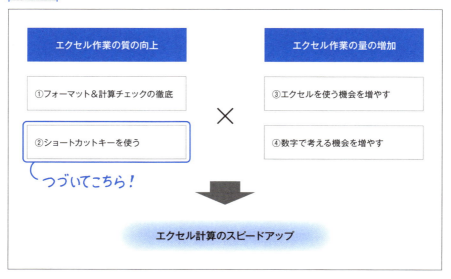

| 図3-4 | ②ショートカットキーを使う

1. Ctrlキーを使ったショートカット
2. Altキーを使ったショートカット
3. その他（テンキー、マウスなど）

ショートカットキーは数多くあるので、全部覚えるのは大変ですし、使わないキーを覚えても仕方がありません。そこで、どのような作業にも役立つであろうショートカットキーをピックアップして説明していきます。

［Alt］を使うショートカットキーには、知ってほしいもの、使えるようになってほしいものが多くあります。**［Alt］キーをフル活用すれば、マウスを使う回数を確実に減らせます。**

そして、［Ctrl］や［Alt］を使わないキー操作やマウス操作については、「その他」として説明します。なかにはショートカットよりもマウスのほうが手早く行える操作もありますので、ぜひ覚えてください。

1 はじめに：本書のショートカットキー表記ルール

ここでショートカットキーの表記のルールについて説明しておきます。本書のショートカットキーの表記には、「＋」が入るものと、入らないものがあります（図3-5）。

| 図3-5 | 本書の表記ルール

```
Ctrl + C        Ctrlを押しながら、Cを押す

Alt   H   H     Alt → H → Hと順番に3回押す
```

たとえば［Ctrl］＋［C］と「＋」を入れて表記する場合は、［Ctrl］キーを押しながら［C］キーを押す、という意味になります。

「＋」の入らない表記は、［Alt］［H］［H］のようになります。こちらは、書かれているキーを順番に押すことを表しています。この例では、［Alt］［H］［H］の順に3回キーを押します。［Alt］を押しながら［H］キーを押すのではないことに注意してください。

2 書式設定のショートカットキー（［Ctrl］＋［1］）

では、［Ctrl］を使ったショートカットキーから始めましょう。最初は［Ctrl］＋［1］です。これは［セルの書式設定］画面を呼び出すキーです。

第1章で表の罫線を引くのに［セルの書式設定］画面を使いましたが（41ページ）、このときには右クリックをして［セルの書式設定］画面を出しました。しかし、いちいち右クリックして［セルの書式設定］を選ぶのは、ちょっとした手間です。そこで［Ctrl］＋［1］キーを押します。そうすればすぐに［セルの書式設定］画面を表示できます。

［セルの書式設定］画面が表示されたら、［罫線］などのタブを開きますが、これには［Ctrl］＋［Tab］キーを使います。このキーを1回押すと、右隣りの[配置]タブが開きます。［罫線］タブに移動したいときには、［セルの書式設定］画面を開いたあと、［Ctrl］＋［Tab］キーを3回押します。

ただし、このあとの操作、つまり罫線を引く際の線の種類の選択、線を引く位置の指定などは、キー操作よりマウスのほうが簡単にできます。

なお、［Ctrl］＋［Tab］キーは、インターネット・エクスプローラーのようなブラウザーのタブを移動するときにも使えます。

3 シート全体を選択するショートカットキー（［Ctrl］＋［A］）

次は、表全体あるいはシート全体を選択するショートカットキーです。このキーは、そのときのセルの位置によって、選択する範囲が異なります。

| 図3-6 | 書式設定のショートカットキー |

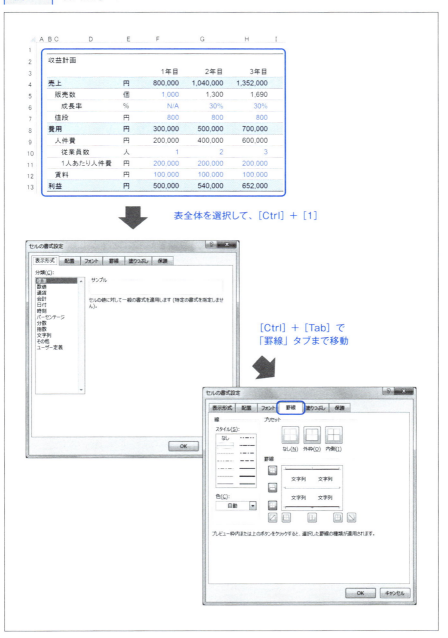

シートに表が作ってあり、**表の中のセルを選択した状態で［Ctrl］＋［A］キーを押すと、その表全体を選択できます。**表に罫線を引いたり、表をコピーするときは、この方法がよいでしょう。表全体が選択された状態で、もういちど［Ctrl］＋［A］キーを押すと、シート全体の選択になります。

シートに表がない場合や、表の外のセルを選んだ状態で［Ctrl］＋［A］キーを押すと、シート全体を選択できます。

シート全体の選択は、フォーマットをまとめて設定するときによく使います。たとえば、行の高さを「18」にするときです（22ページ）。シート全体の行の高さを「18」にしておけば、そのあと同じシートにいくつ表を作っても、いちいち行の高さを設定しなくてすみます。

ほかにも、半角英数字のフォントを「Arial」に統一する（26ページ）作業も、シート全体を選択して行えば手間がかかりません。

| 図3-7 | シート全体を選択するショートカット |

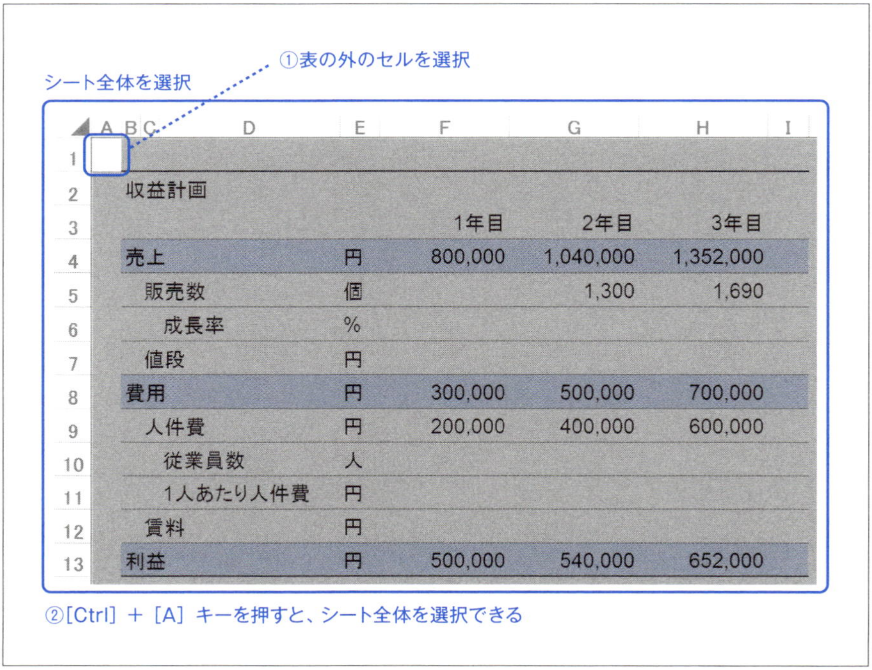

①表の外のセルを選択
シート全体を選択
②［Ctrl］＋［A］キーを押すと、シート全体を選択できる

英数字のフォントを「Arial」に統一することに関連して言えば、「Arial」の指定は定期的に繰り返すことをおすすめします。最初に「Arial」に統一しても、計算をしたり文字を書いたりしているうちに、数字が日本語フォントになってしまうことがあるからです。特に日本語のなかに英数字が混じっていると、そうなることが多いようです。

　図3-8を見てください。売上の項目の中の「値段（1個あたり）」の「1」が「Arial」になっていません。一見しただけでは気づかないかもしれませんが、「Arial」に慣れている人は、こういうちょっとしたフォントのずれも気になるものです。とはいえ、英数字フォントの修正を入力のたびに行っていては、作業が煩雑になります。そこで、**定期的にシート全体を選択して、フォントを「Arial」に設定し直すわけです。**

図3-8　日本語を書いている途中に数字を入れると……

			1年目	2年目	3年目
収益計画					
売上		円	800,000	1,040,000	1,352,000
販売数		個	1,000	1,300	1,690
成長率		％	N/A	30%	30%
値段（1個あたり）		円	800	800	800
費用		円	300,000	500,000	700,000
人件費		円	200,000	400,000	600,000
従業員数		人	1	2	3
1人あたり人件費		円	200,000	200,000	200,000
賃料		円	100,000	100,000	100,000
利益		円	500,000	540,000	652,000

日本語の中に数字を入れると、Arialにならない！

4 文字から文字へ一気に移動するショートカットキー（[Ctrl]＋矢印キー）

文字から文字へ一気に移動する方法については第1章でも紹介しましたが、よく使うキーなので、もういちど操作手順を説明します。

図3-9で、「売上」のセルから「賃料」のセルに移動したいとします。いまは「売上」のセルを選択しています。ここで［Ctrl］＋［↓］キーを押すと、一気に「費用」のセルに移動します。そこから［↓］キーを1回、［→］キーを1回押して「人件費」に移動。次にもういちど［Ctrl］＋［↓］キーを押すと「賃料」までジャンプします。

矢印キーだけで、あるいはマウスのスクロールでセルの移動をしていたのでは、作業のスピードは上がっていきません。［Ctrl］と矢印キーを使って素早く移動するようにしましょう。

図3-9　［Ctrl］＋矢印キーで、セル移動をスピードアップ！

①[Ctrl]＋[↓]を押して、「費用」へジャンプ
②[↓][→]を押して、費用の内訳の「人件費」に移動
③[Ctrl]＋[↓]を押して、「賃貸料」へジャンプ

移動が、はやい！

	A B C	D	E	F	G	H	I
1							
2	収益計画						
3				1年目	2年目	3年目	
4	売上		円	800,000	1,040,000	1,352,000	
5	販売数		個	1,000	1,300	1,690	
6	成長率		%	N/A	30%	30%	
7	値段		円	800	800	800	
8	費用		円	300,000	500,000	700,000	
9	人件費		円	200,000	400,000	600,000	
10	従業員数		人	1	2	3	
11	1人あたり人件費		円	200,000	200,000	200,000	
12	賃料		円	100,000	100,000	100,000	
13	利益		円	500,000	540,000	652,000	

5 | データの端まで選択するショートカットキー（［Ctrl］＋［Shift］＋矢印キー）

［Ctrl］＋矢印と似たキーとして、［Ctrl］＋［Shift］＋矢印というのがあります。図3-10のように連続した文字や数字があったときに、それをまとめて選択するのに使うキーです。

たとえば、1年目の売上のセル「F4」を選択し、［Ctrl］と［Shift］を押しながら［→］キーを押すと、3年目の売上のセル「H4」までを、一気にまとめて選択できます。縦の場合は、3年目の売上のセル「H4」を選択して、［Ctrl］＋［Shift］＋［↓］キーを押すと、3年目の利益のセル「H13」まで選択できます。

これもドラッグで範囲選択をしていては時間がかかるので、ショートカットキー操作をぜひ覚えてください。

ただし、**［Ctrl］＋［Shift］＋矢印キーを押すと、図3-11のように行や列の端まで選択してしまう、という失敗もあります。**

これは、1年目の売上のセル「F4」に入力した数式をコピーして、そのまま2年目、3年目の売上のセルに貼り付けようとして、範囲選択に失敗した例です。セル「F4」をコピーしたあと、コピー先のセル範囲を一気に選択しようとして［Ctrl］＋［Shift］＋［→］キーを押したところ、シートの右端のセルまで選択してしまったわけです。

こういう場合の解決策として、**表の端に、作業をやっている間だけ「end」のような文字を入れる方法があります**（図3-12）。文字は「end」でなくてもかまいません。表の端に何か文字が入っていればよいのです。

表の端に「end」という文字を入れてから、1年目の売上のセル「F4」をコピーして［Ctrl］＋［Shift］＋［→］キーを押すと、「end」と入力したセルまでが選択されます。そこから［Shift］＋［←］キーを押して選択範囲を狭めれば、2年目、3年目の売上のセルである「G4」から「H4」だけが選べます。

計算後は、文字「end」を削除することを忘れないようにしましょう。

図3-10 行を選択するショートカットキー

| 図3-11 | ところが、このショートカットには問題点が……

| 図3-12 | 表の外にendと書いて解決！

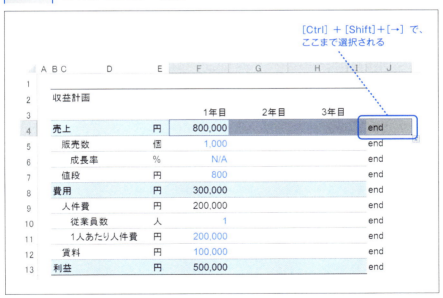

6 | 他シートへの移動のショートカットキー（[Ctrl] + [Page Down] / [Page Up]）

シートの移動は、基本的にはシート見出しをクリックして行いますが、シートの数が増えると、これもまたやっかいです。それに、シート見出しは小さくてクリックしづらいものですよね。そういうときには、図3-13のように［Ctrl］を押しながら［Page Down］または［Page Up］のキーを押します。［Ctrl］+［Page Down］キーを押すと、右方向にシートを移動できます。［Ctrl］+［Page Up］キーでは左方向への移動になります。

図3-13 | シート移動のショートカットキー

7 | 行・列の挿入のショートカットキー（[Ctrl] + [+]）

表を作っていて、行や列の追加が必要になることもあります。その場合は、行や列を挿入したい位置の行番号（列番号）を右クリックし、［挿入］を選んで行うこともできますが、図3-14のように［Ctrl］を押しながら［+］キーを押して、［セルの挿入］画面を呼び出す方法もあります。［セルの挿入］画面で［行全体］を選べば行が増え、［列全体］だと列を増やせます。［行全体］を選ぶには［R］キー、［列全体］を選ぶには「C」キーを押してください。最後に［Enter］キーを押せば、行または列が挿入されます。ちなみに、［行全体］を選ぶときの「R」は「Row」の略、［列全体］を選ぶときの「C」は「Column」の略です。

図3-14　行（列）を挿入するショートカットキー

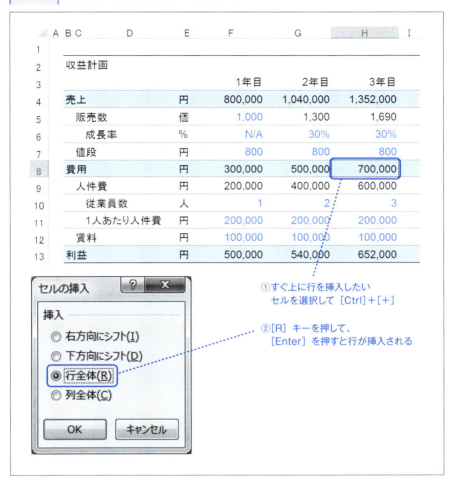

8 | 他のシートにある参照元へ移動するショートカットキー（[Ctrl] + [「]）

　計算チェックのところでも説明しましたが、他のシートの数字を参照している場合には、参照元をきちんと確認しなければいけません。こんなときには、[Ctrl] + [「] キーを押すと参照元のセルに移動して、正しいセルを参照しているかどうか確認できます。

　たとえば図3-15で、1年目の販売数のセル「D5」を選択して、[Ctrl] + [「] キーを押すと、参照元である「販売数」シートのセル「F8」に一気に移動できます。これは、後述するトレースのショートカットでも行えます。

図3-15　参照元のセルに移動するショートカットキー

column 覚えるべきショートカットの数

　エクセルセミナーで、「ショートカットキーは、どれくらい覚えればよいのでしょう？」「覚えるべきショートカットキーがまとめられている本やウェブサイトはありませんか？」といった質問をよく受けます。そんなとき筆者は、「ショートカットキーをやみくもに覚えようとするのではなく、仕事で必要になったらそのショートカットキーを調べるようにすればいいんですよ」と答えています。

　エクセルにはいろいろな使い方があり、エクセルで行う作業も人によってそれぞれ違います。そして作業の内容によって、使うべきショートカットキーも変わってくるはずです。たとえば、財務会計の分析を行う場合と、大量のデータを分析する場合では、作業内容も、使うべきショートカットキーも異なってきます。ですから、「最低これだけ覚えておけばいい」というのはなく、自分の業務に合わせて、必要なものを覚えていってください。

　本書で紹介しているのは、どの業務でも共通して使うようなショートカットキーばかりですから、これくらいは覚えたほうがよいでしょう。しかし、それ以上は、「なんか、同じ作業を繰り返しているから、ショートカットキーを覚えようかな」と思ったときに、グーグルで検索して調べればよいと思います。仕事で使わないショートカットキーを覚えても、使わなければ意味がないのですから。

　同じことは、関数についても言えます。よく、「最低限覚えておきたいエクセルの関数」といった本や記事を目にしますが、使うべき関数は作業内容によって変わってきますので、必要になったら勉強すればよいのです。

SECTION
4 ［Alt］キーの使い方
〜［Alt］を制する者はエクセルを制す〜

　次に［Alt］を使うショートカットキーを紹介していきますが、まずは［Alt］キーの使い方について説明しましょう。［Alt］は、［Ctrl］より頻繁に使うキーです。これをうまく使えるようになれば、マウス操作もかなり減るでしょう。
　［Alt］キーの位置をもういちど確認しましょう。図3-16のようにキーボードの左下にあります。

　［Ctrl］を使うショートカットキーは、［Ctrl］キーを押しながら別のキーを押すという操作が多いのですが、［Alt］の場合は、「押しながら」はあまりなく、［Alt］［H］［H］のように、キーを続けて押すほうが多くなります。

図3-16　［Alt］キーはキーボードの左下にあります

1 ［Alt］はリボンのショートカットキー

　では、図3-17のように［Alt］キーを試しに押してみてください。［ホーム］［挿入］などのタブのところに、「H」「N」といった英数字が表示されます。この英数字は、それがふられたタブを開くために押すキーを表しています。

　たとえば、［ホーム］タブには「H」と表示されていますから、［H］キーを押してみます。そうすると、図3-18のように［ホーム］タブが開いて、それぞれのボタンに対応するキーが表示されます。

　そして、セルに背景色をつけたいときには、［塗りつぶしの色］ボタンのところに表示されている［H］キーを押します。

　すると図3-19のように色のリストが表示されるので、矢印キーで使いたい色を選択して、［Enter］キーを押します。これでセルの背景色を設定できます。マウスで［ホーム］タブをクリックし、［塗りつぶしの色］の［▼］をクリックする……という操作よりも、［Alt］［H］［H］のほうが、はるかに速く背景色を設定できます。
　このように**［Alt］キーを押すと、目的の操作を行うためにどのキーを押せばよいか、ヒントが順に表示されるわけです。**これを「キーヒント」と呼びますが、これが表示されるのが［Alt］キーの良いところです。［Ctrl］キーと違って、キーの組み合わせを覚えていなくても大丈夫。［Alt］を押して、次に「H」を押し、表示された英数字を見て目的のキーを押せばよいのですから。そうやって使っていくうちに、どのキーを押せばどの操作ができるか、自然に覚えてしまいます。無理に暗記する必要はありません。

図3-17　［Alt］キーを押してみましょう

図3-18　さらに先に進みます

| 図3-19 | さらに先に進みます |

2 | フォーマットに関する［Alt］ショートカットキー

［Alt］を使ったショートカットキーのうち、フォーマットに関連して最低限覚えてほしいのは、次の3つです。

背景色の変更は［Alt］［H］［H］、文字の色は［Alt］［H］［F］［C］、フォントの変更は［Alt］［H］［F］［F］ですね。ほかにもたくさんありますが、少なくともこの3つは、覚えてください。

| 図3-20 | Altキーを活用した、表をキレイにするショートカット |

背景色を変更	Alt	H	H	
文字の色を変更	Alt	H	F	C
フォントを変更	Alt	H	F	F

3 │ 右ぞろえのショートカットキー（[Alt][H][A][R]）

　第1章で、文字は左ぞろえ、数字は右ぞろえに、というルールをお話ししましたが（42ページ）、セルの中での文字や数字の配置も[Alt]キーを使って行えます。右ぞろえは、[Alt][H][A][R]、左ぞろえは、[Alt][H][A][L]です。右にそろえる場合は「Right」の「R」、左の場合は「Left」の「L」と覚えましょう。

図3-21　右ぞろえのショートカット

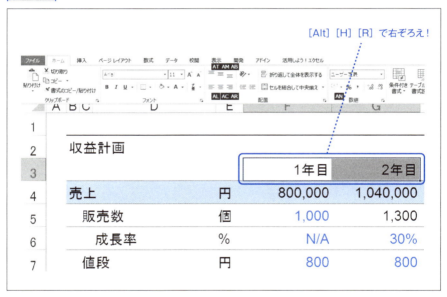

4 | グループ化のショートカットキー（[Shift]＋[Alt]＋[→]）

　見せる必要のないセルを隠すときに行うグループ化のショートカットキーは、隠したい行（列）の行番号（列番号）を選択して、[Shift]と[Alt]キーを押しながら、[→]キーを押します。[Alt]キーを押しながら使うのがポイントです。グループ化を解除するには、グループ化した行（列）の行番号（列番号）を選択して、[Shift]＋[Alt]＋[←]キーを押します。

　同じキーで、セルを選択して行や列のグループ化や解除もできます。図3-22のように[グループ化]画面が表示されるので、行をグループ化するなら[R]、列なら[C]キーを押してから[Enter]を押します。

図3-22 | 行（列）を隠す「グループ化」のショートカットキー

①グループ化したいセルを選択し、[Shift]＋[Alt]＋[→]

②[R]キーを押して、[Enter]

③グループ化できる！

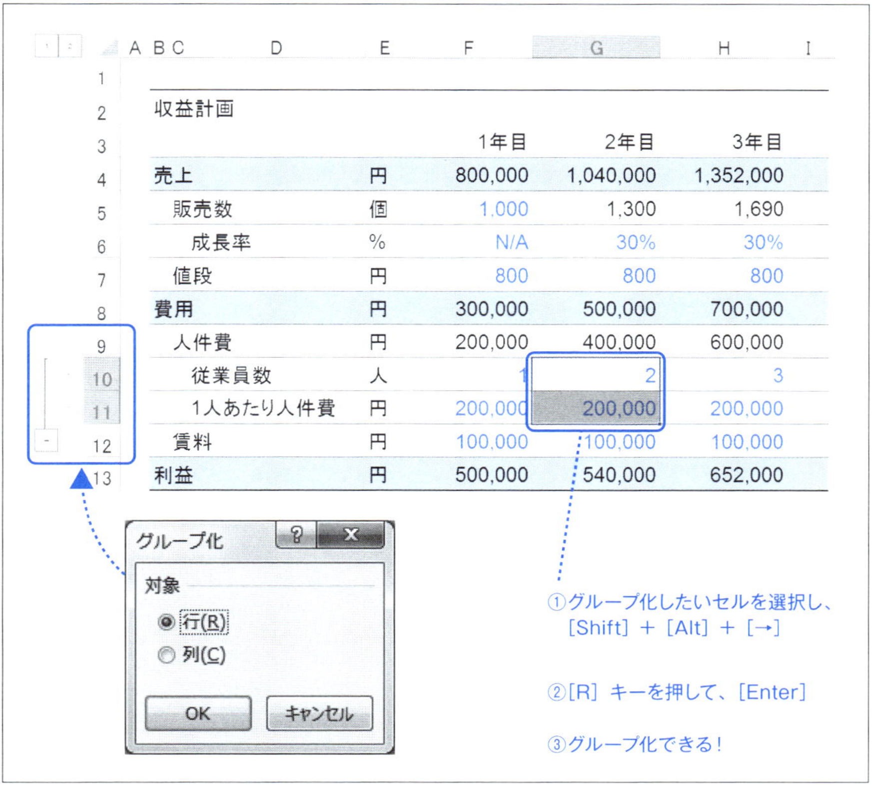

5 | トレースのショートカットキー

　数式の参照元や参照先をチェックするときには、トレースの機能を使います。トレースのやり方は第2章（96ページ）で詳しく説明しましたが、よく使うキーなので復習しておきましょう。

　参照元のトレースは［Alt］［M］［P］、参照先のトレースは［Alt］［M］［D］、トレース矢印の削除は［Alt］［M］［A］［A］です。この3つはとても重要なショートカットキーですからぜひ覚えてください。これをパッとショートカットキーで出せるようにして、計算の精度を高めましょう。

図3-23 トレースのショートカットキー（重要！）

参照元のトレース	Alt	M	P
参照先のトレース	Alt	M	D
トレースの削除	Alt	M	A　A

6 | グラフ表示のショートカットキー（［Alt］［N］［N］）

　第2章で説明したように、数字の流れは折れ線グラフでチェックすると、間違いを見つけやすくなります。折れ線グラフもショートカットキーで作れます。

　図3-24のように、推移を見たい数字が入ったセルを選択して、［Alt］［N］［N］キーを押し、最後に［Enter］キーを押します。そうすると折れ線グラフが表示され、数字の動きを確認できます。

図3-24 グラフを表示するショートカットキー

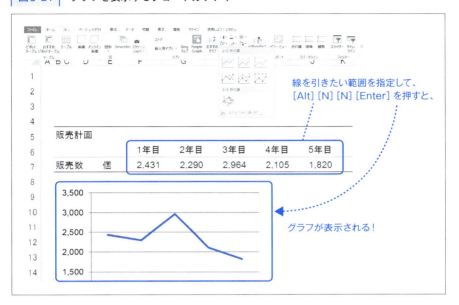

7 ［形式を選択して貼り付け］のショートカットキー（［Alt］［H］［V］［S］）

　いちばん使われているショートカットキーは「コピペ」の［Ctrl］＋［C］と［Ctrl］＋［V］だと思いますが、コピペにもいろいろな種類があります。コピーしたデータを貼り付けるだけではなくて、貼り付け方を選ぶこともできます。これは、かなり頻繁に使う機能です。

　たとえば、図3-25の「売上」の行の背景色を変えたところだとしましょう。次に「売上」と同じ背景色を、「費用」の行にも適用します。このとき、「売上」の範囲をコピーして、ただ「費用」の範囲に貼り付けると、数式まで貼り付けられて数字が変わってしまいます。そこで、背景色のような書式だけを「費用」のほうにコピーしたいときには、［形式を選択して貼り付け］を使います。

　ショートカットキーを使って書式だけをコピーするには、まず、「売上」

の行の背景色が設定されたセルを選択し、[Ctrl]＋[C]キーを押してコピーします。続いて貼り付け先である「費用」の範囲を選んで、[Alt][H][V][S]キーを押します。そうすると、[形式を選択して貼り付け]画面が表示されます。このなかに[書式（T）]とあるので[T]キーを押して[書式]を選択し、[Enter]キーを押します。これで「売上」の書式だけが「費用」にコピーされるわけです。

　このようにして、何かを選択して貼り付けることはけっこうあります。**書式はコピーせずに数式だけをコピーしたいとか、数式はコピーせずに数字だけコピーしたいというように、「〇〇だけ」というときには、[Alt][H][V][S]で[形式を選択して貼り付け]の画面を呼び出せば、何を貼り付けるかを選べます。**

　また、[形式を選択して貼り付け]画面を使わずに、直接、貼り付け方法を選ぶこともできます。たとえば、書式のみの貼り付けなら、[Alt][H][V][R]、数式のみの貼り付けなら[Alt][H][V][F]という具合です。[Alt][H][V]まで押すと、貼り付け方のボタンとそれに対応するキーが表示されるので、慣れるまではボタンを見て貼り付け形式を確認しながらキーを押すとよいでしょう。

column　Macのエクセル

　この本は、Windows版エクセルを前提に解説しています。WindowsとMacのエクセルにおいて、いちばん大きな違いはショートカットです。

　第1章、第2章で説明したフォーマットや計算チェックは、Macでもほぼすべて同じことが可能です。しかし、Macのエクセルのショートカットは Windowsと大きく異なり、ショートカットがない機能もあります。そう考えると、エクセルを使うことが目的であれば、OSはWindowsを選ぶほうがよいと思います。ちなみに、投資銀行の人たちは全員Windowsを使っています。

図3-25 フォーマット「だけ」をコピーするショートカットキー

①売上の行を選択してコピーして、
②費用の行を選択し、[Alt] [H] [V] [S] を押して、

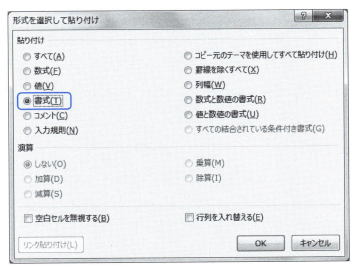

③書式［T］を押して、［Enter］を押す
④費用の行に、売上のフォーマットがコピーされる！

8　ファイルの保存・終了のショートカットキー

　ファイルの保存や終了もショートカットキーで行えます。

　第2章（112ページ）で、ファイルは必ず「名前を付けて保存」にすると説明しましたが、［名前を付けて保存］の画面は［Alt］［F］［A］キーで開けます。または［F12］キーを押しても同じです。どちらでも使いやすいほうを覚えましょう。

　上書き保存をするキーは［Ctrl］＋［S］です。ファイルは基本的には名前を付けて保存するほうがよいのですが、とても簡単な計算なら上書き保存をしてもよいでしょう。

　ファイルを閉じるショートカットキーは2種類あります。1つのエクセルファイルを閉じるには［Ctrl］＋［W］キーを使います。

　いくつかエクセルのファイルを開いていて、それを全部まとめて閉じたいときは、［Alt］［F］［X］を押します。すると、すべてのファイルを閉じてエクセルが終了します。

図3-26　ファイル保存・終了のショートカットキー

名前をつけて保存	Alt　F　A　（または、F12）
上書き保存	Ctrl + S
1つのエクセルファイルを閉じる	Ctrl + W
すべてのエクセルファイルを閉じる	Alt　F　X　（または、Alt + F4）

SECTION 5 その他のスピードアップ法

［Ctrl］や［Alt］キー以外のものについて、いくつか紹介しましょう。

キーボードの上のほうに、［F1］［F2］から［F12］までのキーがあります。それぞれに使い方がありますが、**まず覚えてほしいのは［F2］と［F4］です。**

第2章でも説明しましたが、［F2］は数式をチェックするときに使います。セルを選択して［F2］キーを押すと、数式が表示されて参照元のセルと同じ色になり、式の確認がしやすくなります。［F2］はセルを編集できる状態にするキーです。だから数式のチェックだけでなく、数式を変更したいときや文字を直したいときにも、［F2］を押してから変更や修正を行うという使い方もできます。

もうひとつの**［F4］は、同じ操作を繰り返すときに使うキーです。**図3-28を見てください。いま「売上」の欄に背景色をつけたところで、同じ色を「費用」と「利益」の欄にもつけたいとしましょう。範囲を選択してから背景色を選ぶのは面倒です。

そこで、「売上」の範囲で背景色を設定した直後に、「費用」の範囲を選択して［F4］キーを押すと、同じ背景色をつけられます。続いて「利益」の範囲を選んで［F4］キーを押せば、こちらにも同じ背景色がつきます。繰

図3-27　F2キーとF4キーも使えるようにしましょう

セルの中身を確認	F2 キー
同じ作業を繰り返す	F4 キー

図3-28 F4キーを使うと、同じ作業を簡単に繰り返すことができます

	A	B	C	D	E	F	G	H	I
1									
2		収益計画							
3						1年目	2年目	3年目	
4		売上			円	800,000	1,040,000	1,352,000	
5			販売数		個	1,000	1,300	1,690	
6			成長率		%	N/A	30%	30%	
7			値段		円	800	800	800	
8		費用			円	300,000	500,000	700,000	
9			人件費		円	200,000	400,000	600,000	
10			従業員数		人	1	2	3	
11			1人あたり人件費		円	200,000	200,000	200,000	
12			賃料		円	100,000	100,000	100,000	
13		利益			円	500,000	540,000	652,000	

①売上の背景色を変更
②その後、費用の行を選択して、F4を押すと、費用のセルも背景色が変更される

り返し作業の効率化に欠かせないキーが［F4］です。

また、［F4］キーは相対参照と絶対参照の切り替えにも使います。セルのなかにカーソルが表示された状態で［F4］キーを押すと参照の切り替えになるので、操作の繰り返しのために［F4］キーを使いたいときには、カーソルが表示されていないことを確認してください。

1 計算は「プラス（＋）」から始める

ここでちょっと、みなさんに質問があります。

計算を始めるとき、最初にどのキーを押しますか？

ほとんどの方が、［＝］キーと答えると思います。ところが、投資銀行では［＝］ではなく、［＋］から計算を始める人が多いですね。筆者も［＋］から始めています。

［＋］から始めても［＝］から始めても、計算結果は同じになります。つま

り、どちらを使ってもよいのです。では、なぜ［＋］から始めるのか。その理由はキーボードにあります。［＝］を入れるには、［Shift］＋［＝］キーを押すので、2手必要です。ところが、キーボードによっては右側にテンキーがあります。USB接続のテンキーを使っている人もいるでしょう。テンキーの右端の列には［＋］キーがあるので、これを押せば1手ですむわけです。

たったそれだけ？　と思われるかもしれませんが、エクセルでは［＝］を押す回数がとても多いので、2手が1手になるのは意外と効率アップに役立ちます。試してみてください。

ただし、これはあくまでもテンキーがある場合です。**ノートPCでテンキーがない場合には、USB接続のテンキーをつけたほうがいいでしょう。**計算を［＋］から始められるだけでなく、数字を打ち込むのにもテンキーを使うほうが作業をしやすいからです。

余談ですが、計算を［＋］から始めるというのは、日本のローカルルールです。英語キーボードは日本語キーボードとは配置が違い、［＝］を1手で押せます。

余談ですが、筆者がシンガポールで開催したエクセルセミナーで、エラそ

図3-29　この「1手」の違いで、作業スピードが変わる！

キーボードだと「2手」　　　テンキーだと「1手」

2手！　　　1手！

うに「＋で計算しましょう！」と言ったところ、参加者のほとんどが英語キーボードで、とても恥ずかしい思いをした経験があります。

2 表の拡大・縮小（［Ctrl］＋マウスホイール）

エクセルの大きな表は、そのままでは見づらいことがあります。そこで、全体を見るために縮小表示にしたり、計算を修正しやすくするために拡大表示にしたり、というように表示の操作を行います。**表示を拡大・縮小するショートカットキーもありますが、これはキー操作よりもマウスのほうが手早く行えます。**

マウスには、たいてい図3-30のように、左右のボタンの中央にホイールがあります。表示の拡大・縮小には［Ctrl］キーとこのホイールを使います。**［Ctrl］キーを押しながらホイールを向こうに回転させると拡大表示になり、［Ctrl］キーを押しながらホイールを手前に回転させると縮小表示になります。**

また、次に説明しますがエクセルの表を作るときは、画面の大きなモニターを使うことをおすすめします。画面が大きければ一目で細かい計算まで見えるので、エクセルの拡大・縮小の手間が省け、作業が楽になります。

図3-30　マウスホイールはとても便利

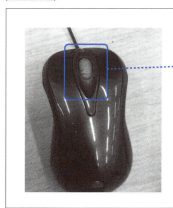

Ctrl ＋マウスホイールで拡大、縮小

3 PC環境

筆者は図3-31のようなパソコン環境で作業をしています。

ノートPCを使っている方も多いと思いますが、ノートPCはいろいろ外付けをして、デスクトップPCに近い形にしたほうが、作業が速くなります。筆者も普段はノートPCで仕事をしているのですが、キーボードやモニター、マウスを外付けしています。

まずキーボードですが、ノートPCのキーボードはメーカーによってキーの配置が異なり、[Page Up]や[Page Down]のようなキーの位置がわかりづらいこともあります。また、キーそのものも小さいので、デスクトップPCで使われるテンキーがあるキーボードを外付けするとよいでしょう。

モニターは大画面のものを外付けにします。最近は価格も安くなったので、購入を検討してもよいと思います。余談ながら、投資銀行では大きなモニターを2台使います。そしてエクセルの表をパワーポイントに貼り付けるよ

図3-31 デスクで作業するときは、大きなスクリーンと大きなキーボード！

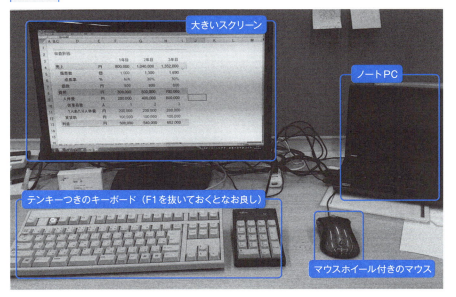

うなときには、1台にエクセル、もう1台にパワーポイントを表示して、コピーと貼り付けを行います。こうすれば画面をいちいち切り替える手間が省けますし、エクセルの表が貼り付けられた状態もチェックできます。マウスはホイール付きのマウスにします。

これらをすべてノートPCにつなぐと、ほとんどデスクトップと変わらない環境で作業ができます。外出時にはノートPCだけを持っていけば、ファイルを忘れる心配もありませんし、出先で作業を続けることもできます。

4 印刷に関するショートカットキー

第1章、第2章では説明しませんでしたが、エクセルの表を印刷することも多いので、それに関連するショートカットキーもいくつか紹介します。

まず、印刷するときは［Ctrl］+［P］です。印刷したいシートを表示した状態で［Ctrl］を押しながら［P］キーを押すと、印刷の画面になります。そこで［Enter］キーを押せば印刷が始まります。

全部ではなく、この表だけ印刷したいと、印刷範囲を絞ることもあります。その場合には、印刷したい部分を選択して、［Alt］［P］［R］［S］を押します。そうすると、選択した部分が印刷範囲になります。こうして範囲を決めてから印刷を実行すると、その部分だけが印刷されます。

また、印刷を1ページにまとめたい、A4ではなくA3で印刷したい、といった設定を行う際には、［Alt］［P］［S］［P］で印刷ページの設定画面を出すことができます。

図3-32　印刷のショートカットキー

印刷する	Ctrl + P			
印刷範囲を指定	Alt	P	R	S
印刷ページの設定	Alt	P	S	P

SECTION 6 エクセルを使う機会を増やす

　ここからは、エクセルの計算のスピードアップのために、エクセルの作業量を増やすことについて考えましょう。

　第2章でも言いましたが、エクセルは作業が複雑になりがちなので、できるだけ1人がまとめて作業するほうが効率的です。複数の人が同じエクセルをいじると、誰がどこをアップデートしたのか、わかりづらくなるためです。ですから、エクセルを使う機会を増やすためには、エクセル担当になるのが効果的です。進んで担当を引き受けるようにしてほしいと思います。

　大学生向けのエクセルセミナーでは、筆者は受講生に対して「社会人に

図3-33　エクセル作業のスピードアップを目指す

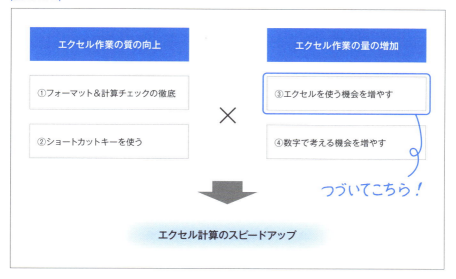

なったらエクセルで数字を計算する担当になってください」とアドバイスしています。

多くの大学生は「社会に出たら、新規サービスの企画をしてみたい」と志望しますが、大学を卒業したばかりの新人が新サービスの企画を考えても、社内を説得することは困難です。「この新サービスによって、多くのユーザーは喜んでくれます」と説明したところで、経験豊富な上司から「わかってないな、この若造が」と言われて却下されかねません。

ところが、**数字というものはフェアですから、経験がなくても、数字を入れることで企画に説得力を持たせることができます。**たとえば、「この企画によって得られる収益は年間3,000万円、最悪のケースでも200万円の赤字ですむ見込みです」と言えば、その企画の説得力は増すでしょう。若い方は、経験が少ないからこそ数字で攻める、という姿勢を大事にしてほしいと思います。

同じことは女性にも言えるかもしれません。社内会議などで積極的にエクセル（数字）で議論する女性が増えれば、より合理的な意見が尊重される社内文化になり、非合理的な男女の壁も消滅するのではないかと思います。筆者がモルガン・スタンレーにいたころ、若手の半分は女性でした。女性は仕事が丁寧で、エクセル作業に向いているという印象を筆者は持っています。経理業務も女性が多い。**女性の積極的なエクセルの活用を期待しています。**

エクセルを使う機会を増やす方法の1つとして、電卓を使わないことも考えられます。**ちょっとした計算でも、電卓ではなくエクセルでやるクセをつけ、エクセルスキルの向上を図ってください。**

電卓を使わないほうがいい理由はほかにもあります。1つは、電卓は計算の過程がわかりにくく、途中で計算ミスをしても気づかない場合が多いことです。**エクセルは計算過程が見えるので、途中で計算ミスに気づくこともできますし、あとで計算の条件を変更することもできます。**

それに対して、電卓の計算は本人にしか見えないのです。エクセルなら、作業をしているパソコンをミーティングルームのモニターに接続すれば、チーム全員で見られます。できるだけ計算の過程はオープンにしたほうが、数字の議論はしやすくなります。

エクセルを使いたいけれど、仕事で使う機会がなかなかない、という場合は、社内でエクセル勉強会を開催するのもよいでしょう。筆者が企業研修を実施するときには、多くの場合、2日間のスケジュールを組みます。1日目は終日エクセル研修を行い、基本的な知識と技術を学びます。そして1～2週間後に開催する2日目に、参加者が各自でテーマ企業を決め、その企業の将来の売上・費用・利益をエクセルでシミュレーションし、その結果をチームメンバーに発表するということを行います。テーマ企業はどこでもかまいません。自分が興味のある企業でOKですし、「会社のコスト削減策をシミュレーション」するといったテーマでもいいでしょう。

　過去に開催したセミナーでは、「ワールドカップの収益予測」をテーマにしたこともあります。エクセルは苦手意識の強い人も多いので、楽しいテーマにすると参加意欲が高まります。

　エクセルに対する苦手意識は、エクセルをしっかり作った経験がないことから生まれる場合が多いのです。そこでセミナーでは1日目にエクセル研修を行い、それを忘れないうちに自分でエクセルを作ります。そうすることで、「ああ、自分もしっかりエクセルを作れるんだ！」という自信を持てるようになります。

　また、エクセル勉強会は、チームメンバーのエクセルを見るよい機会にもなります。ほかの人が作ったエクセルを見ると、とても勉強になります。人によってエクセルのクセがあったりもしますが、お互いのエクセルを見ることでそのクセを矯正する機会にもなります。

　セミナーや勉強会を実施したあとの評価で多いのが、「チームでフォーマットを統一するようになり、ほかの人が作ったエクセルを見る際のストレスがなくなった」「エクセルが見やすいと、どこに何が計算されているかわかるので、すぐに内容（分析結果など）の議論ができるようになった」といった声です。

　このような**「エクセルの基本ルールを社内で徹底することの大切さ」**をチーム全員で共有できると、そのルールを守ろうという意識が芽生えます。そうなればチーム全体のエクセルのレベルは一気に向上します。

column 投資銀行はどれくらい仕事をしているか

　本章では「エクセルを使う機会を増やす」という話をしましたが、投資銀行の仕事の量についてお話します。大学生向けにエクセルセミナーを開催すると、参加者から「外資系投資銀行はどれくらい仕事をしているのか」と質問されることがあります。繁忙の程度はM&A等のプロジェクトにかかわっているかどうかで大きく変わってきますので一概には言えませんが、それでもかなり忙しい業種だと思います。

　筆者の場合は、だいたい毎日、深夜1時くらいまで仕事をしていました。毎日夜中3時まで仕事が続くと、「最近忙しいな」と感じ、逆に深夜12時くらいにオフィスを出ると、周囲から「あいつは最近ヒマなのか」という視線を受けていた記憶があります。

　また、入社1年目は、元旦以外は週末も含めて毎日出社していた記憶があります。大晦日も夜中まで仕事をしていました（驚いたことに、私以外にも数名がオフィスで仕事をしていました）。普段夜中まで仕事をしているので、家でテレビを見ることがなくなります。大晦日の深夜に帰宅して、家でテレビをつけたらお笑い番組をやっていましたが、そのお笑い芸人がまったくわからない。「今年は、こんな芸人が売れていたのか……」と、大晦日になって初めて気づく、そんな1年目でした。

　リーマンショック後は、だいぶ仕事も楽になったと聞きますが、それでも忙しいことに変わりはないと思います。そして、その仕事の多くの時間をエクセル作業に費やしているので、エクセルのショートカットキーを覚えて作業スピードを上げることは、睡眠時間に大きく影響します。だからみんな、必死でショートカットキーを覚えるわけです。

SECTION 7 数字で考える機会を増やす

　エクセルは数字を計算するツールです。数字を計算することが多い企業やチームでは、必然的にエクセルを使う機会も多く、当然エクセルのスキルも高くなります。ですから、チームでエクセル計算する機会を増やしたければ、チーム全体で数字を大切にしなければなりません。

　数字を大切にするとは、さまざまな仕事の局面で数字を活用することです。たとえば、「今期の目標は売上1,500万円」と、**チームの目標を数値化**することが挙げられます。
　このようなわかりやすい目標があれば、チーム全体でいろいろな施策を考える際にも、「この施策で目標売上1,500万円にどれだけ近づけるか」と議

図3-34　エクセル作業のスピードアップを目指す

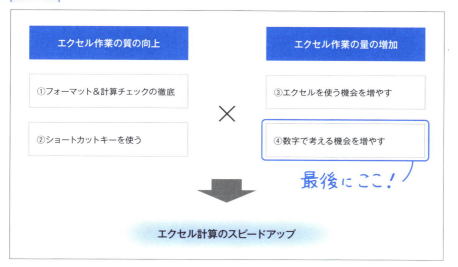

論することになるでしょう。

　また、人事評価でも積極的に数字を使えます。半期または1年に1度、社内の評価を行うところは多いでしょう。その際に、「〇〇さんは、新しい企画を考え、実行してくれました」と評価するだけでなく、「その結果、〇〇円の売上を生み出してくれました」といった具合に、**貢献度を「数字に落とし込む」ことをチームで目指していくと、社内評価が公平になるだけでなく、エクセル（数字）を使う機会も大きく増えます。**

　もちろん、数字に落とし込めないようなケースも多々あるでしょう。しかし、意識して数字にすることを考えなくては、チームはどんどん数字から離れてしまいます。数字に落とし込みにくくても、しつこくトライする粘り強さが必要です。

---

column　私がゴールドマン・サックスの面接に落ちた理由

　本章の「数字で考える機会」が多い投資銀行の新卒採用では、フェルミ推定と呼ばれる、実際に調べるのが難しい数値を概算する手法を使うことがあります。例えば、日本にマンホールはいくつある？　といったものですね。

　私が投資銀行の名門ゴールドマン・サックス証券（GS）の面接を受けた際には、「日本にガソリンスタンドはいくつあると思いますか？」と聞かれました。私はしっかり準備していたので、きちんと答えられました。問題はその後。

GS「……これで面接は終わりです。最後に、何か質問はありますか？」

　そこで、なぜかウケを狙いにいってしまった若造の私（当時大学生）は、

私「あの……貴社がガソリンスタンドを面接のテーマにした理由って……イニシャルが同じGSだからですか？」

　一瞬の沈黙のあと、

GS「あはは、そうかもしれませんね！　おもしろいですね！」

　と言っていたが、目は笑っていなかった（ような気がする）。

　そして、私はこの面接で落ちました。口は災いの元とは、まさにこのこと。就職・転職希望者のみなさんにお伝えしたい。面接でウケ狙いはやめておこう！

第4章

エクセルで数字に強くなる
「いくら儲かるか」を極める

SECTION 1 収益シミュレーションが重要な理由

　ここまで、投資銀行のようなビジネスの最前線で効果的に使えるエクセルの基礎を説明してきました。第4章では、それらのスキルを使うだけで簡単に行うことができる収益シミュレーションの基本を解説します（ここでもマクロや関数は登場しません）。収益の構造を調べ、「売上が伸びた場合」「現状維持の場合」といったケース分けをして、エクセルで収益シミュレーションを行う方法、複数の条件を変えると収益がどう動くかを調べる手法など、具体的なビジネス・シミュレーションの説明に入っていきます。

　利益を上げることは企業が存続するための必要最低条件です。ビジネスパーソンは究極的には利益を生み出すために仕事に取り組むわけですから、その利益を計算する道具としてエクセルを使えるようにならなければいけません。

図4-1　シミュレーションでビジネスの意思決定力を高めるとは？

 シミュレーションができない人　　 シミュレーションができる人

「社長！
このままだとわが社はいつか赤字
になります！ しかし、
(1) 新商品の開発による販売数アップ
(2) 人件費の削減
を早く実現できれば、今期は
かなり利益が出ると思います！」

「社長！
このままだとわが社は7カ月後に赤字
になります！ しかし、
(1) 新商品の開発による販売数 10% アップ
(2) 人件費の 15% 削減
を3カ月間で実現できれば、今期は
10 億円の黒字の見通しです！」

近年、ビジネスを取り巻く環境が複雑化しつつあり、収益を予測することの重要性が高まっています。さまざまな経営環境を考えながらエクセルで収益シミュレーションを行うことは、ビジネスパーソンの必須スキルであると言っても過言ではありません。

　プロローグに書いた「エクセルで身につけることのできる数字力」は、ここから生まれます。

　収益シミュレーションができない人とできる人の発言を比べてみると、その大切さが実感できるでしょう。図4-1に挙げた2人の発言を比べて、どちらのほうが説得力があると思いますか。

　右側の、シミュレーションができる人のほうが、発言に具体的な数字が多く盛り込まれていて、説得力がありますよね。

チームでさまざまな企画を立案したり、オペレーションの改善を行ったりするときは、その施策にどれくらいの利益インパクトがあるかを計算することが重要です。それぞれの企画や改善がもたらす利益をしっかり算出すれば、チームとして、どの企画・改善から着手すべきかの「優先順位」を判断できるからです。

図4-2　利益インパクトをシミュレーションして、施策の優先順位を決める

筆者は研修などで多くのビジネスパーソンと会いますが、このあたりの優先順位のつけ方がやや弱いチームが多い、という印象を持っています。「社長がやれと言ったから最優先でやる」というのは、合理的な優先順位のつけ方ではありません。むしろ、**「社長は施策Aを最優先でやれと言っているが、数字を分析した結果、施策Bを先にやったほうがいい」というように、現場がしっかり数字で判断できるチームづくりを目指してほしいと思います。**とりわけ経営者の方々には、ぜひ、このようなシミュレーションの重要性を理解していただきたいと思います。

1 シミュレーション事例①：ハンバーガーショップ

　収益シミュレーションモデルを作れるようになると、さまざまな利益インパクトを計算することができます。
　ここでみなさんに考えてもらいたい問題があります。これは筆者がシミュレーション研修で参加者全員に出す問題で、図4-3のとおりです。

　多くの参加者は、①と②は同じと答えます。理由を尋ねると、「値段×販

図4-3　ハンバーガーショップのケーススタディ

- あなたはハンバーガーショップを経営しています
- お店は人気を集め、来月の販売数は、今月の10%増になりそう
- 一方、ハンバーガーの値上げをすることもできます。おそらく10%値上げすると、来月の販売数は今月と同じくらいになると予想します

　　さて、あなたは、
　　① 値段はそのまま、販売数10%増
　　② 値段を10%増、販売数そのまま
　　のどちらのほうが、利益が増えると思いますか？

売数」で計算すると同じ結果になるからだといいます。たしかにそのとおりですが、その「値段×販売数」というのは売上のことであり、利益のことではありません。

　金銭感覚に優れている人は、②と即答します。なぜかというと、売上については①と②は同じですが、費用が違うからです。①の場合は、販売数が10％増えているので、そのぶん材料費も10％増えます。だから、利益はそれほど増えません。一方、②は販売数が変わらないため、費用も変わりません。値段を上げた分だけ利益が増えるわけです。

　つまり、「**販売数を10％増やすよりも、販売価格を10％上げたほうが利益は出る**」ということになります。

　実はこの問題は、筆者が投資銀行にいたころ、先輩から出されたものです。即答できなかった私は、先輩から「金融のプロだったら、これくらい答えられないと話にならない」と叱責されました。

　とはいっても現実には、このようにきっちり数字で考えられる人は、さほど多くありません。この問題を考える際も、「値上げするとお客さんに逃げられるかもしれないし、たくさん売れていたほうが店に活気があるから、このままにしようか」と思った人が多いのではないでしょうか。

　しかし、**本来得られるべき利益をしっかり得なければ、企業としての成長は望めないわけです。**だから、1円でも利益を増やすための施策を考えることは重要です。そして、それと同じくらいに重要なのが、その施策がどれほどの利益を生み出すのか、すなわち利益インパクトをきちんと計算することです。

　筆者は研修で「利益インパクト思考」を徹底するため、さまざまな企業の収益シミュレーションモデルを作る際に、いろいろなケースを考えます。たとえば、「値段を10％上げたら利益はどうなる？」とか、「客単価を1.5倍にする代わりに、客数が半分になったら、利益は増える？　減る？」といったものです。

　このように利益インパクトを計算して、それをもとにチームで「施策の優先順位」を決められるようになれば、非常に数字に強いチームだと言えます。

2 ｜ シミュレーション事例②：俺のイタリアン

　私のシミュレーション研修では、実在する企業を例にシミュレーションを行いますが、よく取り上げるのは「俺のイタリアン」です。
　ご存じの方も多いと思いますが、「俺のイタリアン」は立ち飲みスタイルのイタリアン・レストランです。とにかく安くておいしいのが特徴で、いつも混雑しています。安くておいしい料理を出せる秘訣は、「立ち飲み」にあります。立ち飲みだから、客はさっと飲んで食べて、さっと店を出る。だから客の回転率が高いわけです。来客数が増えるので、値段を安くしても利益を出すことができる、というビジネスモデルです。
　これだけを聞くと、「なるほど、それは素晴らしいビジネスモデルだ」と思うわけですが、それでは数字に強いとは言えません。俺のイタリアンは、どれくらい利益シミュレーションを行っていると思いますか。
　『俺のイタリアン、俺のフレンチ―ぶっちぎりで勝つ競争優位性のつくり方』（坂本孝著、商業界、2013年）によると、次のとおりです。

　「回転数が4回転から9回転に上昇すると、月商は3,600万円から8,100万円に増加します。月額経常利益が721万円から1,883万円に増加します。年間の利益は、2億2,596万円という強烈な数字をはじき出す可能性があるということです。
　しかも、このケースではフードメニューの原価率を95％まで引き上げていっても、経常利益235万円が想定されます。それこそ、回転率は最強の数字を生み出すのです。
　何よりも、圧倒的なお客さまの支持により、昼も夕方も深夜もお客さまであふれかえっていなければなり立たない戦略です。」（同書160P）

　いかがでしょう？　とても具体的ですよね。回転数を上げることでどれだけの利益インパクトを生み出すことができるか、きっちりシミュレーションしていることがうかがえます。素晴らしいビジネスモデルには、それを裏付ける数字があることがよくわかります。そして、次のようなことも書かれて

います。
「アイデアは閃きだけではなく、きちんと数字で表現すること。これまでの常識に対して、数字に落とし込んだアイデアとのギャップがあるときは勝つチャンスが高い」（同書30P）

ちなみに、俺のイタリアンの創業メンバーのひとりである安田道男さんは、元々は投資銀行業界の方です。投資銀行から飲食店への異例の転身には驚きましたが、きっと投資銀行で培ったシミュレーションスキルが「俺のイタリアン」の緻密な戦略を支えているのではないかと思います。

3 今回のシミュレーションのテーマ

そこで本章では、テーマを設けてシミュレーションモデルを作成していきます。1つ目のテーマは、図4-4のとおりです。

自動車販売店のケースでは、基本の数値を次のように設定します。

- 売上は、自動車販売による売上と、サービスメンテナンス売上の2つ
  - 自動車販売売上は、1年目は3億円で、2年目以降は年間3%成長
  - サービスメンテナンス売上は、安定収益が見込め、毎年2億円を維持
- 費用は、人件費と販売管理費
  - 人件費は、従業員数35名×1人あたり年間700万円
  - 販売管理費は、毎年2.3億円を維持

図4-4　テーマ1：　収益予測を立てよう

主人公	車の販売店（ディーラー）の課長
業務	販売店の運営や収支管理を任されることになった。 これまで収益予測を作成した経験はない
テーマ	地域全般の販売店を管轄している上司から、「担当する販売店の将来3年間の収益予測を立ててほしい」と依頼があった。

SECTION 2 シミュレーションモデルの作り方

1 まずは収益構成を作る

ここから主人公になったつもりで、収益予測を立てていくことにしましょう。といっても、いきなりビジネスモデルをエクセルで作ろうとすると、どこから手を着ければいいかわかりません。エクセルを開いたものの、画面を前に手が止まってしまう人も多いはずです。

こういうときは、最初にシミュレーションモデルの「設計図」を作ります。このビジネスモデルで収益が生まれる要因はどこにあるのか、という構造をツリー状にまとめるわけです。

図4-5 収益の構成を考える

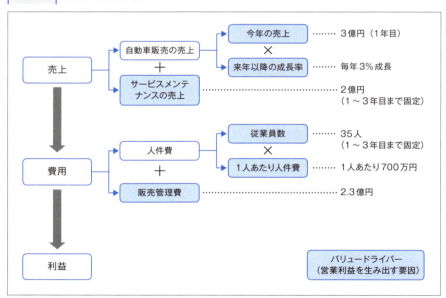

自動車販売の収益構造は図4-5のようになります。

これを見ると、右側の青色のついた数値が決まれば、上位の項目が右から左に向かって計算され、最終的に利益を算出できることがわかります。言い換えると、収益のシミュレーションを行うには、図の青色部分の数字を動かしてみればよいということです。**つまり、青色の部分の数字が利益を生み出す要因となり、これを「バリュードライバー」と言います。**シミュレーションモデルを作るためには、このように、何がバリュードライバー（いじれる数字）で、何がバリュードライバーではない（いじれない数字）かを明確にする必要があります。

これらの項目を収益構成に落とし込み、さらにそれをエクセルの表にすると図4-6のようになります。

図4-6　収益構成をエクセルに落とし込む

青字がバリュードライバー（いじれる数字）

	A B C D	E	F	G	H
1					
2	収益計画				
3			1年目	2年目	3年目
4	売上	百万円	500	509	518
5	自動車販売	百万円	300	309	318
6	成長率	%	N/A	3.0%	3.0%
7	サービスメンテナンス	百万円	200	200	200
8	費用	百万円	475	475	475
9	人件費	百万円	245	245	245
10	従業員数	人	35	35	35
11	1人あたり人件費	百万円	7	7	7
12	販売管理費	百万円	230	230	230
13	利益	百万円	25	34	43

収益構成に合わせて、項目を1列ずらす

2　エクセルの復習

第1章の復習になりますが、エクセルの表を作る際には、特に次の点に留意してください。

- ベタ打ちの数字は「青」、数式の結果は「黒」に数字を色分けする。したがって、バリュードライバーの数字はベタ打ちの「青」となるため、この青の数字をいじることで、利益をシミュレーションすることができる。
- 項目名は、内訳ごとに1列右にずらす。こうすれば、収益構成が一目でわかる（例：「売上」は「自動車販売」と「サービスメンテナンス」から構成されている、など）。

3　収益構成を考えるコツ

収益構成を考えるうえでのポイントは2つあります。「最初はざっくり作る」ということ、そして、「できるだけ数字を連動させる」ことです。

まず1つ目のポイントである「最初はざっくり作る」ですが、これは、最初から収益構成の項目を多くしないほうがいい、ということです。今回のケースであれば、自動車販売の売上を、A車、B車、C車それぞれの販売売上というふうに、最初から細かく分けることはしません。

なぜかというと、エクセルはやたらとキツイ作業ですから、心が折れて、「もうこれ以上の計算はムリ。ギブアップ！」となることがよくあるからです。そうなるのを避けるために、最初はとにかく収益構成の項目を少なくし、ざっくり作ることで、必ず最後まで収益構成を作り上げるようにするのです。

項目をどうしても細かくする必要がある場合には、一度シンプルな収益構成を作り上げ、そのあとで細かくしていきましょう。

2つ目のポイントである「できるだけ数字を連動させる」というのは、収益構成の項目をどんどん連動させていく、ということです。

今回のケースであれば、たとえば人件費＝従業員数×1人あたり人件費ですから、人件費と従業員数を連動させているわけです。このような連動をどれだけ精緻にできるかが、シミュレーションの精度を上げるうえで、きわめて重要なポイントになります。

4　シミュレーション事例③：マクドナルド

　数字の連動というテーマで、1つ事例を紹介しましょう。日本マクドナルドがコーヒーを格安の100円で販売しはじめたとき、その戦略について当時の社長が、「コーヒーを飲んだお客様は、ビッグマックを購入してくれるので、結果としてペイするはず」と説明していました。これは、コーヒーの販売数とビッグマックの販売数が連動している、というデータに裏づけされた戦略です。

　もし私がマクドナルドの販売計画を策定することになれば、コーヒーの販売数＝ビッグマックの販売数×1.5倍、といった具合に、コーヒーとビッグマックの販売数を連動させるかもしれません。

　このように、さまざまな項目を連動させることで、シミュレーションの精度を上げることができます。ただし、会計的な概念で安易に数字の連動を考えないことは、大事なポイントです。

　会計用語に「変動費」「固定費」があります。変動費とは、売上に連動する費用を指します。たとえば材料費などです。一方、固定費は売上に直接連動しない費用を指し、賃借料などが挙げられます。そこで考えてください。本当に賃借料は売上に連動しないのでしょうか？

　もしかするとその事業では、売上がアップする→従業員を増やす→オフィスを広げる→賃借料が上がる、という構造があるかもしれません。そうであれば、売上と賃借料は連動させるべきです。このように、安易に「賃借料＝固定費＝売上と連動しない」という会計的な概念にとらわれてはいけません。「風が吹けば桶屋が儲かる」ではありませんが、一見関係ないような項目同士でも、実は関係していることがあります。ビジネスの実情をしっかり見極めて、多くの項目を連動させてシミュレーションの精度を上げてください。

SECTION 3 想定ケースを考える

　研修をやっていると、収益計画を1パターンしか作らない企業や事業部が見受けられますが、それではあまり意味がありません。**1パターンでは経営のリスクがわからないからです。さまざまなケースを想定してバリュードライバーを変えてこそ、うまくいったときの利益がどれくらいになるか、最悪の場合ではどれだけ赤字になるか、といったことが予測できるようになるのです。**

　この例のように、上司が複数の販売店を管轄していて、個別の販売店まで目が行き届かない、店舗のリスクがわかりにくいというときには、考えられるリスクを幅広く報告したうえで、複数のケースを見せて、予測される収益に「幅」を設けた提示を行うべきです。

1 ケースは最低3パターン

　ケースの数としては、「普通ケース」「楽観ケース」「悲観ケース」の3つは、最低でも作成したほうがよいでしょう。それぞれのケースのイメージは、次のようになります。

- **普通ケース**
　過去の成長トレンドをそのまま維持する場合が多く、保守的すぎない現実的なケースです。上場企業が発表している業績予想でよく用いられます。
- **楽観ケース**
　普通ケースよりもアグレッシブに収益を伸ばしたケースです。営業ノルマといった社内目標の数値によく使われます（多くの場合、社外で公表している目標よりも、社内で設定している目標数値は高いものです）。

● 悲観ケース

　最悪の状況を想定したケースです。これをよく使うのは、資金管理を担当するCFO（最高財務責任者）です。たとえば、「企業の収益がどれだけ下がったら、従業員に給料が払えなくなるか？」などを想定する場合には悲観ケースを使います。

2　シミュレーション事例④：東京ディズニーリゾート

　悲観ケースを想定した施策の例を1つ紹介しましょう。東京ディズニーリゾートを運営する株式会社オリエンタルランドは、東日本大震災のあとに500億円の資金を銀行から借り入れました。このときのオリエンタルランドの説明は、「また同等の災害が発生した場合でも、資金面で困らないようにするため」というものでした。これはまさに、悲観ケースを想定したものです。

　十分な現金が確保できる普通ケースと楽観ケースばかり見ていて、悲観ケースを考えないというビジネスパーソンもいますが、むしろ見るべきなのは悲観ケースだということも、ここで強調しておきます。

　筆者は投資銀行にいたころ、カリスマ経営者と呼ばれる人が経営している企業を分析しましたが、どれだけ悲観的なケースを想定しても、きちんと十分な現金が確保できる財務諸表になっていたことに驚かされました。とかく売上・利益を伸ばすことに目が行きがちですが、最悪のケースでも十分な現金が確保できる収益計画・バランスシートになっているか、分析してみることも大切です。

3　シミュレーション事例⑤：ソフトバンク

　M&Aで有名な企業はソフトバンクです。同社は過去にいくつも企業買収を行ってきていますが、孫正義社長はある企業買収に際して、このような趣旨の発言をしています。

「ジフ・デービスの買収では1冊200ページ以上のファイルで100冊ほど、2万ページのデータをもとにコンピュータを使ってシミュレーションをしました。買収するかしないか、いくらで買えば利益が上がって返済できるか、こちらの利益にどれだけ影響を与えるかなどを分析したのです。」

この発言はウェブサイトで見つけたものなので、真偽のほどは定かではありませんが、孫社長が非常に多くのケースを想定し、細かいシミュレーションを繰り返して買収を決断していることは、投資銀行関係者の間では有名な話です。ジフ・デービスを買収したのは1995年ですから、20年も前からこのようなシミュレーションを徹底していたわけです。

投資銀行はM&Aの買収価格を、買収対象企業の収益予測に基づいて算定します。その収益予測を出す場合でも、少なくともこの3パターンくらいは考えます。たとえば、悲観ケースの収益予測に基づく企業価値が500億円、楽観ケースに基づく企業価値が1,000億円だとすると、実際の買収価格は500億円程度になる場合が多くなります。これは、将来の収益予測は当然不確実なものだから、買収する側は「悲観的な収益予測に基づいた企業価値の金額で買収すれば、おそらく損はしないだろう」と考えるからです。楽観的な予測に基づく金額で買収することはリスクが高すぎます。

4 経営指標よりも、具体的なケースで考える

一方で、経営指標ばかりに注目するのもよくありません。たとえば、今日の電力会社の経営リスクは、原子力発電所の再稼動のタイミング次第で大きく変わるでしょう。にもかかわらず経営者が、「当社は営業利益率が20％あるから経営は安全だろう」といった指標だけで判断しては安易すぎます。もっとケースを具体的に考えるべきです。「当社が考える悲観ケースは、20XX年まで原発を再稼動できず、さらに石油価格がXX円まで高騰した場合だが、それでも当社の利益はXX億円程度となる（赤字にはならない）だろう」といった具合です。このほうが、単に利益率で考えるより、よほど納得感があります。

5 今回のケース

さて、自動車販売店の例では、図4-7のように、3ケースを以下のように設定しました。

● **普通ケース**

　従来の自動車販売売上の成長率3％をそのまま将来も継続する。それ以外の数字（サービスメンテナンス売上および費用の各項目）についても、将来、大きく増加・減少する要因が考えられないことから、そのままと想定する。

● **楽観ケース**

　近年の景気回復トレンドを受け、2年目、3年目は自動車販売が好調になると想定する。この販売店の過去の販売データを見ると、景気が好調なときには5％程度の成長があったことから、5％の成長を適用する。

　また、新しい社内システムの導入に伴い、オペレーションの人員を削減できるとする。販売管理費は年間1,000万円増加するが、新規で従業員を採用する必要がなくなるため、毎年1人ずつ従業員数が減ると想定する。

● **悲観ケース**

　たしかに近年、景気は回復しているが、若者の車離れが顕著であることから、車の販売数は今後減少していくと想定する。某シンクタンクのレポートによると、新車販売台数は将来、最大で年間5％減少する可能性があるとのことなので、悲観ケースでは、自動車販売売上が年間5％のマイナス成長になると仮定する。この場合、販売数の減少に合わせて営業スタッフ体制も縮小する予定で、従業員数は毎年2名ずつ減少させて人件費を抑制する。

3つのケースの収益計画は、それぞれ図4-8、図4-9、図4-10のようになります。

図4-7　想定ケースを考える

	普通ケース	楽観ケース	悲観ケース
ストーリー	これまでのトレンド通り、自動車販売売上が年間+3% それ以外の項目は変化なし	近年の景気回復に合わせて、自動車販売売上は、過去の景気がよかった時期の5%成長とする。さらに、新しい社内システムに伴い、販売管理費は10百万円増加するが、従業員数は毎年1名ずつ削減	若者の車離れで、自動車販売売上は−5%。 ただし、それにあわせて営業スタッフは年間2名ずつ減少
自動車販売売上の成長率	+3%	+5%	−5%
従業員数（前年比）	変わらず	−1人	−2人
販売管理費	変わらず	2年目から+10百万円	変わらず

図4-8　普通ケース

図4-9 楽観ケース

	E	F	G	H
		1年目	2年目	3年目
収益計画				
楽観ケース				
売上	百万円	500	515	531
自動車販売	百万円	300	315	331
成長率	％	N/A	5.0%	5.0%
サービスメンテナンス	百万円	200	200	200
費用	百万円	475	478	471
人件費	百万円	245	238	231
従業員数	人	35	34	33
1人あたり人件費	百万円	7	7	7
販売管理費	百万円	230	240	240
利益	百万円	25	37	60

楽観ケースの条件

図4-10 悲観ケース

	E	F	G	H
		1年目	2年目	3年目
収益計画				
悲観ケース				
売上	百万円	500	485	471
自動車販売	百万円	300	285	271
成長率	％	N/A	-5.0%	-5.0%
サービスメンテナンス	百万円	200	200	200
費用	百万円	475	461	447
人件費	百万円	245	231	217
従業員数	人	35	33	31
1人あたり人件費	百万円	7	7	7
販売管理費	百万円	230	230	230
利益	百万円	25	24	24

悲観ケースの条件

6　各ケースをグラフでまとめる

　図4-11のようにさらに各ケースの利益を1つの表にまとめ、それを折れ線グラフにすると、ケース分けによる収益計画の違いを比較しやすくなります。

　主人公は、地域担当マネジャーである上司に、前提条件、ケースごとの収益計画表、各ケースの比較グラフを提示したうえで、次のように説明することにしました。
「当販売店の3年後の収益予測ですが、過去の成長トレンドをそのまま将来に引き伸ばした普通ケースの利益は、4,300万円と考えております。景気回復によって車の販売台数が増加した場合には、最大で6,000万円程度までアップする可能性もあるので全力を尽くします。逆に、売上が減少するリスクもあります。最近の車離れは当販売店にも悪影響を与えており、最悪の場合は自動車販売売上が5％のマイナス成長となる可能性があります。ただし、その際には営業スタッフ体制の縮小により、現在とほぼ同じ水準の2,400万円の利益は確保できると考えます」
　上司は、「この課長は、さまざまな経営環境を考えた収益予測を行っており、さらに最悪の場合（＝悲観ケース）でも利益を確保しようとするリスク管理意識も高い」と主人公を高く評価してくれるのではないでしょうか。
　収益は多くの要因によって大きく変動します。だからこそ、さまざまなケースを想定した収益計画を作成することで、収益を幅広く予測し、楽観的な視点、悲観的な視点の両方をチームで共有することが重要なのです。

図4-11 各ケースを比較した結果

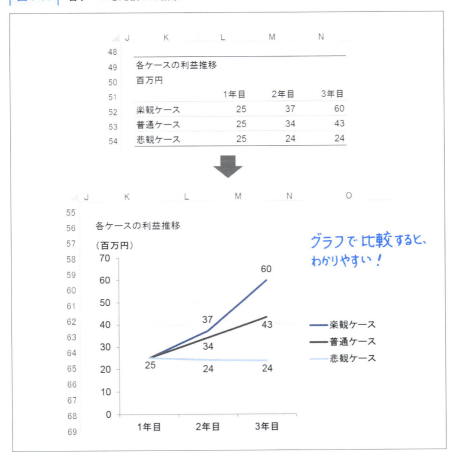

SECTION 4 感応度分析の考え方

1 感応度分析とは

　ここまでのところで、自動車販売店の例のような収益シミュレーションのやり方を理解していただけたでしょう。ここからは上級編として、感応度分析について説明します。感応度分析とは、収益に影響するいくつかの変数を動かしたときに、結果がどう変動するかを調べるものです。

　ある商品を売り出す際の価格を決めることになったとしましょう。価格によって販売数は変わると推測されますが、過去の経験により、価格と販売数の関係として次の3パターンが考えられるとします。

　　価格を1,000円にすると、販売数は月間500個
　　価格を800円にすると、販売数は月間700個
　　価格を1,200円にすると、販売数は月間400個

　感応度分析は、このようにシミュレーションしたいパターンが多い場合に使います。この例でも、188ページの図4-14のような感応度分析の表を作ってみると、値段と販売数によって利益がどれくらい変わるのかが一目でわかるようになり、価格決定の議論をしやすくなります。
　また、ミーティングの場でいちいちエクセルに数字を打ち込む必要もないので、手間もかかりませんし、数字を変えるたびに、その前の利益がいくらだったか忘れてしまうといった心配もなくなります。

2 │ 今回のケースの感応度分析

では、先ほどの自動車販売店のケースで感応度分析をしてみましょう。今度の背景とテーマは、図4-12のようになります。

図4-12 │ テーマ2： 営業スタッフを増やして売上拡大をねらう？

> 担当店の将来3年間の収益予測を立て、上司に高く評価された主人公。
> 今度は上司から、「2年目は、営業スタッフを5名増やして、2年目の自動車販売売上を1年目の10％増にしたらどうだ？　もっとアグレッシブに売上を増やそうじゃないか！」との提案があった。
> これに対して、主人公は次のように考えている。「現在の収益予測では、2年目の自動車販売売上は、1年目の3％増加なので、それが10％増加になるなら、いい話のようでもある。ただし、営業スタッフを増やせば人件費も増えるわけで、結局のところ利益が増えるのか減るのかをつかみたい。また、営業スタッフを増やしても売上が上がらなかった場合はどうしたらよいのか。人件費だけ増えて、赤字になるのだけは避けたい」
> さて、どうする？

このように複数のバリュードライバーを想定する必要が生じる場合には、上司の話のポイントである「従業員数」と「自動車販売売上の成長率」の2つの数字が変わると利益がどう変化するかについて感応度分析を行うと、判断しやすくなります。

図4-14のように従業員数と販売売上の成長率の数字を動かした場合の2年目の利益シミュレーションの表を作ると、次のことがわかります。

- 上司の言う「従業員を5名増やして（35名→40名）、売上成長が10％」とすると、利益は2,000万円になる（図4-14のA）。現在の予測収益の3,400万円（従業員を増やさずに3％成長）から、利益は減少することになる。したがって、上司から提案された施策は、あまり得策とはいえない
- もし従業員を5人増やして、売上成長が現状の3％のままになってしまった場合、利益はマイナス100万円と赤字になる（同B）。さらに、悲観ケース（売上−5％成長）では、利益はマイナス2,500万円という大赤字になっ

図4-13　このエクセルでシミュレーションしたいこと

	A B C	D	E	F	G	H	I
1							
2	収益計画						
3				1年目	2年目	3年目	
4	売上		百万円	500	509	518	
5	自動車販売		百万円	300	309	318	
6	成長率		％	N/A	3.0%	3.0%	
7	サービスメンテナンス		百万円	200	200	200	
8	費用		百万円	475	475	475	
9	人件費		百万円	245	245	245	
10	従業員数		人	35	35	35	
11	1人あたり人件費		百万円	7	7	7	
12	販売管理費		百万円	230	230	230	
13	利益		百万円	25	34	43	

売上の成長率と、従業員数による利益の変化を知りたい！

図4-14　従業員（営業スタッフ）を増やすと……

	J	K	L	M	N	O	P	Q	R
16									
17		2年目の利益シミュレーション							
18		百万円							
19						従業員数			
20				30	35	40	45	50	
21			-10%	30	-5	-40	-75	-110	
22			-5%	45	10	-25 C	-60	-95	
23		自動車販売	-3%	51	16	-19	-54	-89	
24		の成長率	0%	60	25	-10	-45	-80	
25			3%	69	34	-1 B	-36	-71	
26			5%	75	40	5	-30	-65	
27			10%	90	55	20 A	-15	-50	

従業員数を増やすと、赤字リスクが高い！

てしまう（同C）。

2年目の利益シミュレーションによると、**売上が大きく成長したとしても、従業員が5人増えただけで赤字になるリスクがずいぶん高くなるようです。**

これに対し、図4-15のように今度は従業員数を5人減らして30人にした場合を考えてみましょう。自動車販売売上がマイナス10％まで下がったとしても、利益は3,000万円を確保できることがわかります。

利益を出すうえで大事なポイントは、「営業スタッフを増やして売上を上げる」ことよりも、「営業スタッフを少なくして、できるだけ効率的な営業をする」ほうにあったのです。このように、従業員数の増減が利益に与えるインパクトが一目でわかる表を作成すれば、上司を説得しやすくなります。

| 図4-15 | 逆に、従業員を減らすと…… |

	J	K	L	M	N	O	P	Q	R
16									
17		2年目の利益シミュレーション							
18		百万円							
19						従業員数			
20				34	30	35	40	45	50
21			-10%	D 30	-5	-40	-75	-110	
22			-5%	45	10	-25	-60	-95	
23		自動車販売	-3%	51	16	-19	-54	-89	
24		の成長率	0%	60	25	-10	-45	-80	
25			3%	69	34	-1	-36	-71	
26			5%	75	40	5	-30	-65	
27			10%	90	55	20	-15	-50	

従業員数を減らすと、自動車販売の成長がマイナスでも 利益が出る！

3 エクセルで感応度分析を行う

　感応度分析はエクセルで行えます。これには「データテーブル」という機能を利用します。先ほどの自動車販売店の例で、従業員数と成長率を変えると2年目の利益がどのように変わるかを、エクセルで計算してみましょう。

　まず、図4-16のように収益計画と同じシート上に、感応度分析の枠を作成します。成長率（縦軸）と従業員数（横軸）の数値は、想定される変動の幅に合わせて設定してください。ここでは、成長率は－10%～＋10%、従業員数は30人～50人としました（収益計画では、＋3%と35名）。

図4-16　感応度分析の枠を作成

図A

	B	C	D	E	F	G	H	I
1								
2		収益計画						
3					1年目	2年目	3年目	
4		売上		百万円	500	509	518	
5		自動車販売		百万円	300	309	318	
6		成長率		%	N/A	3.0%	3.0%	
7		サービスメンテナンス		百万円	200	200	200	
8		費用		百万円	475	475	475	
9		人件費		百万円	245	245	245	
10		従業員数		人	35	35	35	
11		1人あたり人件費		百万円	7	7	7	
12		販売管…						
13		利益						

図B

	J	K	L	M	N	O	P	Q	R
16									
17		2年目の利益シミュレーション							
18		百万円							
19						従業員数			
20					30	35	40	45	50
21				-10%					
22				-5%					
23		自動車販売		-3%					
24		の成長率		0%					
25				3%					
26				5%					
27				10%					

収益計画と同じシート上に作成！

次に、縦軸と横軸の交点となるセル（A）に、シミュレーションしたい数字（2年目の利益）のセル（B）への参照を設定します（図4-17）。参照元のセルには、2年目の利益を求める数式が入っています。この数式に縦軸と横軸の数字を当てはめて計算が行われます。

　感応度分析の対象範囲を選択（C）して、［データ］タブを開き、［What-if分析］→［データテーブル］を選択（図4-18）します。

　［データテーブル］画面が表示されるので、［行の代入セル］と［列の代入セル］の設定をします。行は横軸のことなので、この例では従業員数です。［行の代入セル］は、「横軸の数字は、元の計算のどの部分のことなのか？」という意味になります。そこで［行の代入セル］をクリックしてから、元の計算（収益計画）にある「2年目の従業員数」のセル（G10）をクリックして指定します。
　列は縦軸のことなので自動車販売売上の成長率です。そこで［列の代入セル］をクリックしてから、元の計算にある「2年目の自動車販売売上の成長率」のセル（G6）をクリックして指定します（D）。
　各セルの指定ができたら［OK］をクリックします（E）。
　そうすると計算が行われて、各欄の数字が表示されます（図4-19）。

図4-17 データテーブル機能で、感応度分析！

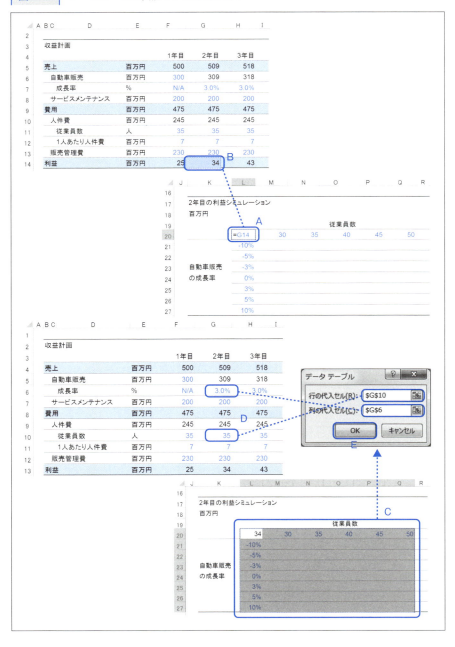

図4-18 データテーブル機能

データテーブル機能は、[データ] タブ→[What-if 分析]→[データテーブル]

図4-19 利益シミュレーションが一発で計算されます

				従業員数			
		34	30	35	40	45	50
		-10%	30	-5	-40	-75	-110
		-5%	45	10	-25	-60	-95
自動車販売		-3%	51	16	-19	-54	-89
の成長率		0%	60	25	-10	-45	-80
		3%	69	34	-1	-36	-71
		5%	75	40	5	-30	-65
		10%	90	55	20	-15	-50

2年目の利益シミュレーション
百万円

最後に、縦軸と横軸が交わるセルにある「34」という数字の文字色を白にして見えないようにします（図4-20で丸く囲った部分）。これは他人に見せる必要のない数字（データテーブルの計算に使っただけの数字）だからです。

以上で、従業員数と自動車販売売上の成長率の変化に応じた利益を算出した表が完成します。

図4-20 見せる必要のない数字は消しましょう

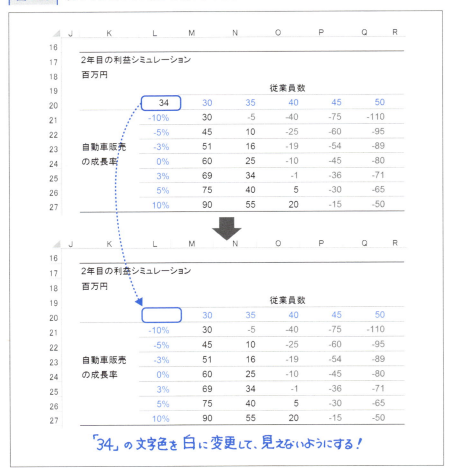

4 シミュレーション事例⑥：NPO法人

第3章でも触れましたが、私はエクセル研修の一環として、参加者にシミュレーションモデルを作成させ、それを発表してもらう「シミュレーション発表会」を行っています。感応度分析の例として、その発表事例を紹介しましょう。

発表者は宮崎さんという現役大学生で、勉学のかたわらNPO法人を運営しています。その活動資金を集めるために、飲食店を開いてお金を稼ごうということになりました。

飲食店を開く場所を探していた宮崎さんは、不定期に営業しているカフェに、「店を閉めている時間帯だけでいいから、場所を貸してくれないか」と相談をもちかけました。カフェからは、①昼だけ貸す、②夜だけ貸す、の2案のうち、好きなほうを選ぶようにという回答がありました。①と②では賃

図4-21　費用の構成

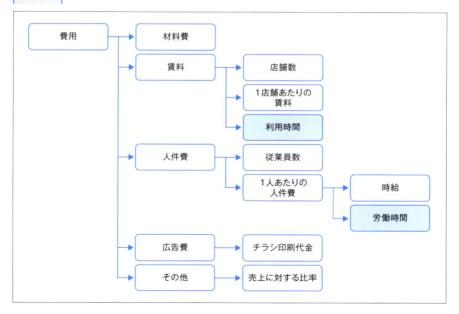

料が異なります。

　そこで宮崎さんは、エクセルを使ってシミュレーションモデルを作り、「昼だけ」と「夜だけ」のどちらが収益を上げられるか、試算することにしました。さまざまなシナリオを考えてみたところ、「客単価」「店の回転数」の2つの要因が利益に大きく影響する（利益インパクトが大きい）との判断に至りました。

　そこで、「客単価」と「店の回転数」の数字で感応度分析を行ったところ、図4-22、図4-23に示したような結果が得られました。

　シミュレーション結果を受けて、宮崎さんは「昼よりも、夜に飲食店をやったほうが利益は大きく、赤字になりにくい」と判断し、夜に飲食店を開くことにしたそうです。

　このように、数字でしっかりシミュレーションしたうえで意思決定を下した宮崎さんは賢明だと思います。**ビジネス経験が少ない大学生だからこそ、思いつきや勘に頼らず、数字で説明した点が特に高く評価できます。**

　さて、飲食店のその後ですが、雇用した外国人シェフにコスト意識が低く、一般的な原価率（商品価格に対する材料費の割合）が30%であるのに対して、70%も材料費に使ってしまい、残念ながら利益は出なかったそうです。

　このように、当初、重要と考えたバリュードライバーとは別の要因で予測をはずし、最終的にシミュレーションとはまったく異なる結果になることもあります。だからといって、モデルを作っても意味がない、ということではありません。**予測がはずれたら、はずれた要因を調べ、次に生かしてシミュレーションの精度を上げていくことが大事です。**

　よく、新規事業の収益計画を作成するときに、「まったく新しいビジネスモデルだから、収益計画の作りようがない」と言って投げ出すビジネスパーソンがいますが、すぐあきらめるのではなく、ぜひトライしていただきたいと思います。また、シミュレーションモデルの精度が最初から高いなどということは、ありえません。当初の予測と現実の差を見極め、シミュレーションモデルを改善していくことこそが重要なのです。

図4-22 昼に借りた場合の利益シミュレーション

利益シミュレーション
円

					回転数				
		0.5	1.0	1.5	2.0	2.5	3.0	3.5	4.0
	500	-84,302	-75,752	-67,202	-58,652	-50,102	-41,552	-33,002	-24,452
	1,000	-75,752	-58,652	-41,552	-24,452	-7,352	9,748	26,848	43,948
	1,500	-67,202	-41,552	-15,902	9,748	35,398	61,048	86,698	112,348
客単価	2,000	-58,652	-24,452	9,748	43,948	78,148	112,348	146,548	180,748
	2,500	-50,102	-7,352	35,398	78,148	120,898	163,648	206,398	249,148
	3,000	-41,552	9,748	61,048	112,348	163,648	214,948	266,248	317,548
	3,500	-33,002	26,848	86,698	146,548	206,398	266,248	326,098	385,948
	4,000	-24,452	43,948	112,348	180,748	249,148	317,548	385,948	454,348

図4-23 夜に借りた場合の利益シミュレーション

利益シミュレーション
円

					回転数				
		0.5	1.0	1.5	2.0	2.5	3.0	3.5	4.0
	500	-27,275	-18,725	-10,175	-1,625	6,925	15,475	24,025	32,575
	1,000	-18,725	-1,625	15,475	32,575	49,675	66,775	83,875	100,975
	1,500	-10,175	15,475	41,125	66,775	92,425	118,075	143,725	169,375
客単価	2,000	-1,625	32,575	66,775	100,975	135,175	169,375	203,575	237,775
	2,500	6,925	49,675	92,425	135,175	177,925	220,675	263,425	306,175
	3,000	15,475	66,775	118,075	169,375	220,675	271,975	323,275	374,575
	3,500	24,025	83,875	143,725	203,575	263,425	323,275	383,125	442,975
	4,000	32,575	100,975	169,375	237,775	306,175	374,575	442,975	511,375

column エクセルセミナーの参加者ってどんな人？

　筆者が開催しているセミナー『投資銀行が教える！エクセルで学ぶビジネス・シミュレーション』には、さまざまな人が参加していますが、参加の動機も各人各様です。
「ビジネス・シミュレーション」だから、参加者はビジネスパーソンだろうと思われるかもしれませんが、大学生も少なくありません。彼らの話を聞いてみると、「ありきたりな経営学やマーケティングを学んでも、仕事に活かせるかどうかわからない。それよりも、エクセルを使ってしっかり数字を扱えるビジネスパーソンになりたい」と考えて参加しているようです。そのなかには、外資系のコンサルティング業界や金融業界に就職が内定した人も多数いました。
　最近増えてきたのが、企業経営者。たとえば美容師の方です。美容師は最終的に独立する人が多い職種ですが、昔と違って美容ビジネスも複雑化しています。いまいちばん注目されているのが、高齢者の介護をしながら髪をセットする介護美容だそうです。ところが、介護美容を行うには専用の車が必要ですし、介護資格も取らなければなりません。いくつもの条件があって、収支のシミュレーションは想像以上に複雑です。このような複雑なシミュレーションをエクセルでやりたいと希望していました。
　ほかに、スタートアップ企業の経営者も多数参加しています。ベンチャーキャピタルから出資を受けるためには、事業計画書を作成し、そのビジネスにどのくらい成長性があるか、成長を実現するためにはどれだけの資金が必要なのか、といったことを説明しなければなりません。こうした計算をエクセルで行えるようになりたいとのことです。
　様々なところで収益シミュレーションのスキルは活用され始めています。

エピローグ
——私のエクセルライフはまだまだ続く

　私のビジネス人生（まだ短いですが）において、どのようにエクセルを活かしてきたか、簡単にご紹介します。
　私はモルガン・スタンレー証券投資銀行本部でエクセル三昧の日々を送ったあと、自分でも「事業運営をやってみたい」と思い立ち、ビジネススクールを経て、インターネット企業に転職しました（投資銀行というのは、巨額のM&Aプロジェクトをリードするなど、ダイナミックな仕事にかかわれるのが醍醐味ではあるものの、自分でビジネスを立ち上げる機会はないので、事業運営にあこがれるバンカーは意外と多いのです）。
　ところが、ビジネスプランを書いたことが一度もない私は、自分に新しいインターネットサービスを考える才能がまったくないことに気づかされました。ビジネスのアイデアは、エクセルからは生まれないのです……。
　それでも、投資銀行の収益シミュレーション経験を活かせる仕事も多くありました。たとえば広告投資。インターネット広告は、そこからたくさんのデータを取得することができます（広告を見たユーザーのうち、どれだけの人が実際に商品を購入してくれたか、など）。こういうデータはとにかく複雑になりがちで、チームの混乱も招きやすくなります。
　そこで私は、本書で解説したようなシンプルで見やすいエクセルを心がけ、チーム全体でインターネット広告の投資対効果を評価できるよう、「見える化」しました。さらに、広告データを細かく分析することで、広告の投資対効果を向上させることもできました。

　そして現在は、主に週末にエクセルセミナーや企業研修を行っています。**このセミナーは、開始1年間で3,000名の方に参加していただくほど盛況です。よく周囲から、「どうやってそんなに集客できたの？」と聞かれますが、実はこれも収益シミュレーションの産物なのです。**

毎回のセミナー参加費を変えることで、売上の最大化を目指す

	1回目	2回目	3回目
参加費	0円	3,000円	5,000円
参加者数	30人	25人	10人
売上	0円	(75,000円)	50,000円

売上を最大化！

　セミナーや企業研修は、「内容がよければ、自然とオファーが増える」と考えている人が多いようですが、私はそうは思いません。たとえ内容がよくても、その内容をきちんと市場に伝えなければ、オファーは増えません。

　セミナーの集客力を高めるために、私が行ったシミュレーションの1つが、参加費の設定です。セミナーを始めたころは、開催のたびに参加費を変えていました。1回目は無料、2回目は3,000円、今度は5,000円に上げてみよう……といった具合ですね。その価格に応じて当然、参加者数も変化しますので、どの価格が利益を最大化できるか、というテストに多くの時間を使いました。

　よく、「参加者を増やすには、参加費を下げたほうがいいのでは」と言う方がいますが、必ずしもそうとは言えません。**価格を上げることで利益が最大化し、その結果、広告に投資できる金額が増える、その宣伝効果で集客力が上がるというケースもあります。**逆に、セミナーを無料にしてしまった結果、広告にお金をかけられなくなり、セミナーの存在に誰も気づかない、ということも多々あります。

　そして、セミナーを展開するに際していちばん時間をかけたのが、広告投

広告→売上アップ→さらに広告を増やす、というサイクルを回す

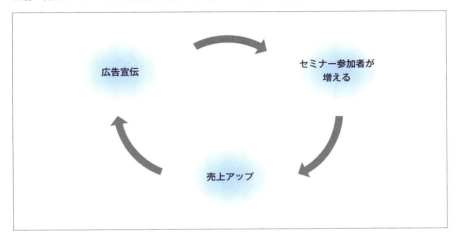

資の効率化です。どの広告にどれだけお金を使えば、どれだけの人が参加してくれるようになるのか。その場合の投資対効果は何パーセントか。シミュレーション計算とテストを繰り返し、効率的な集客を実現したのです。

　そしていま私が考えていることは、「自分自身のブランドを向上させれば、1人でも多くの方にセミナーに参加していただけるのではないか」ということです。やはり、どこの馬の骨かわからない講師のセミナーに参加するのは、勇気がいると思います。それが、「ああ、あのエクセル本を書いた人が講師なのか」と思ってもらえれば、より気軽にセミナーや企業研修に参加していただけるのではないか。本書を執筆したのは、このような背景もあります。エクセルは実際に手を動かすのが大切なので、本書を読んで「もっとエクセルに強くなりたい！」と思った方は、ぜひセミナーにもいらっしゃってください。

　本書やセミナーを通じて、1人でも多くの方に正しいエクセルの使い方を知っていただければ、これほどうれしいことはありません。

最後に、本書の執筆にご協力いただいたみなさまに、この場を借りて謝意を述べさせていただきます。

　まず、この本を書くことができたのは、なんと言ってもモルガン・スタンレーのおかげです。外資系はドライだと言いますが、新卒入社から5年間育てていただいたモルガン・スタンレーは、私にとっては育ての親も同然です。多くのことを学ばせていただきました。かつてオフィスがあった東京・恵比寿を通るたびに、当時を思い出して血圧が上がりそうになるほど厳しかったけれど、とても教育熱心な親でした。

　また、私のセミナーや企業研修をバックアップしてくださったグロービス経営大学院のみなさんにも、感謝申し上げます。私自身も卒業生の1人であるグロービス経営大学院は、日本で最も「盛り上げパワー」のあるビジネススクールだとあらためて感じ入りました。特に多くのアドバイスを頂いた山中先生、そしてセミナー会場を提供してくれたbeez銀座店に感謝します。

　セミナーは東京だけではなく、全国各地で開催させていただいた。出不精な私が、大阪・名古屋・福岡・仙台・札幌と訪問し、さまざまな人たちとお会いすることができたのは、本当にうれしかった。福岡で情の厚いみなさんと会うたびに福岡に住みたくなり、仙台で「震災復興のプランをエクセルで作りたくて」という方と会うたびに胸が熱くなりました。そしてシンガポールで開催した際、セミナー会場を貸していただいたISI-Dentsu South East Asia Pte. Ltd.と北田裕美子さんに御礼申し上げます。

　大学生向けのセミナーを多数開催してくれたリクルートキャリアの叶平川さん、そして企業研修に呼んでいただいた多くのみなさまにも御礼申し上げます。また、このエクセルセミナーは、多くのスタートアップ企業に支えられて成長できました。ストリートアカデミーのおかげで、個人が簡単にセミナーを開催できるようになり、また、schoo（スクー）のオンライン授業では500人以上にご参加いただきました。

　そういえば、本書の原稿を友人数名に読んでもらったところ、「チャートの手書きがキレイですね」と言われた。実はこの手書き、私のものではなく、なんと私の父が書いたものである（というか、無理やり書かせた）。ダイヤモンド社の木山政行さんが、「強調ポイントは手書きでいきましょう！」

と言うのだが、私はおそろしく字が汚い。手書きしたら、せっかくキレイに作ったエクセルが台無しではないか。そこで、父に手書きを依頼した。私の父はとても達筆で、私に「整」なんて名前をつけるくらい几帳面である。そのあたりは私に遺伝しなかったな、と子供の頃から思っていたが、そんな私が大人になり、几帳面なエクセル本を執筆するのだから、血は争えない。

　この出版までの道のりをサポートいただいた方にも御礼申し上げたい。
　まずは、ダイヤモンド社を紹介して頂いた笠井奈津子さん。そして、本書の出版にあたってご協力いただいたダイヤモンド社の木山政行さんと、技術面からアドバイスをいただいたエクセルのスペシャリスト、岡田泰子さんのおふたりに御礼を申し上げます。
　ワードよりエクセルが得意な私にとって、数万という文字数、そして150近いチャートを作るのは、ほとんど苦行でした。なんとか最後までこぎつけられたのは、おふたりの適切なアドバイスと励ましがあったからです。
　エクセルはチームで作るものだと本書で何度も繰り返しましたが、本の執筆もまたチームワークの賜物なのだと感じました。
　そして最後に、これまで私のセミナー・企業研修にお越しくださった3,000名のみなさんに御礼を申し上げます。みなさんからいただいたご意見、感想、質問のおかげで、「多くの人が知らない、でも知ってほしいエクセルのポイント」を押さえることができたのではないかと思います。
　みなさんとお会いし、みなさんから「エクセルが得意になった！」という言葉をかけていただくことが、私にとって最大の財産であり、活動を続けていくうえでの原動力になっています。またセミナーや企業研修でお会いしましょう！

2015年1月

熊野　整

フォーマットのポイント

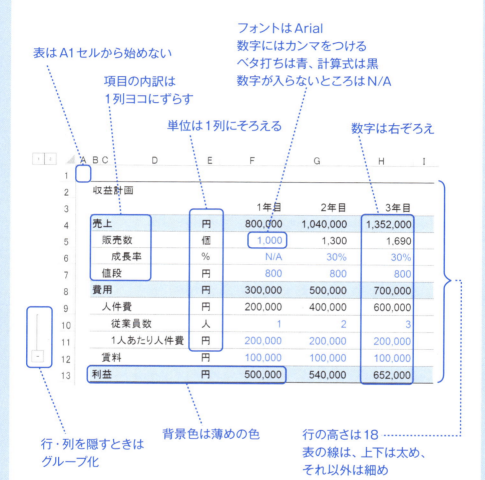

巻末付録 2 ショートカット

フォーマット	
書式設定	Ctrl + 1
背景色を変更	Alt H H
文字の色を変更	Alt H F C
フォントを変更	Alt H F F
右ぞろえ	Alt H A R
左ぞろえ	Alt H A L
グループ化	Shift + Alt + →
行・列を挿入	Ctrl + プラス
移動	
文字から文字へ一気に移動	Ctrl + 矢印キー
データの端まで選択	Ctrl + Shift + 矢印キー
他シートへ移動	Ctrl + Page Down (Page Up)
参照元のセルへ移動	Ctrl + 「
トレース	
参照元のトレース	Alt M P
参照先のトレース	Alt M D
トレースの削除	Alt M A A
ファイル保存	
名前を付けて保存	Alt F A（または、F12）
上書き保存	Ctrl + S
1つのエクセルファイルを閉じる	Ctrl + W
すべてのエクセルファイルを閉じる	Alt F X（または、Alt + F4）
印刷	
印刷する	Ctrl + P
印刷範囲を指定	Alt P R S
印刷ページの設定	Alt P S P
その他	
グラフ表示	Alt N N Enter
形式を選択して貼り付け	Alt H V S
セルの中身を確認	F2
同じ作業を繰り返す	F4
表の拡大・縮小	Ctrl + マウスホイール

[著者]

熊野整（くまの・ひとし）

ボストン大学卒業後、モルガン・スタンレー証券投資銀行本部に入社し、大型M&Aや資金調達プロジェクトをリード。退社後はグロービス経営大学院にてMBA取得。その後、大手上場インターネット企業に入社し、事業責任者として事業計画の立案から戦略遂行までを行う。「グローバル投資銀行のエクセルスキルを、わかりやすく伝えたい」というモットーの下、2013年10月から週末に個人向けエクセルセミナーを開催したところ、参加者数は1年で3000人を超え、大人気セミナーとなった。現在は、個人向けセミナーに加えて、企業研修も数多く開催しており、多くのビジネスパーソンに収益計画の作成指導を行っている。

ビジネスエリートの「これはすごい！」を集めた

外資系投資銀行のエクセル仕事術
――数字力が一気に高まる基本スキル

2015年2月19日　第1刷発行
2024年10月18日　第13刷発行

著　者———熊野整
発行所———ダイヤモンド社
　　　　　　〒150-8409　東京都渋谷区神宮前6-12-17
　　　　　　https://www.diamond.co.jp/
　　　　　　電話／03・5778・7233（編集）　03・5778・7240（販売）
装丁————デザインワークショップジン
本文デザイン—岸和泉
ＤＴＰ————中西成嘉
編集協力———岡田泰子
製作進行———ダイヤモンド・グラフィック社
印刷————堀内印刷所（本文）・新藤慶昌堂（カバー）
製本————ブックアート
編集担当———木山政行、山下覚

©2015 Hitoshi Kumano
ISBN 978-4-478-03902-1

落丁・乱丁本はお手数ですが小社営業局宛にお送りください。送料小社負担にてお取替えいたします。但し、古書店で購入されたものについてはお取替えできません。
無断転載・複製を禁ず
Printed in Japan

◆ダイヤモンド社の本◆

資料作成の原則と
テクニックが満載！

多くのコンサルタントを育てた著者が秘密の手法を初公開！

外資系コンサルの資料作成術
短時間で強烈な説得力を生み出すフレームワーク
森　秀明 [著]

●A5判並製●定価（本体1600円＋税）

http://www.diamond.co.jp/